LA VILLA PALMIERI,

PAR

ALEXANDRE DUMAS.

TOME SECOND.

PARIS.

DOLIN, LIBRAIRE-COMMISSIONNAIRE,
QUAI DES AUGUSTINS, 47.

1843.

LA
VILLA PALMIERI.

Extrait du Catalogue de DOLIN, Libraire.

LIVRES DE FONDS.

ŒUVRES DE P.-L. JACOB (*Bibliophile*).

	fr. c.	fr. c.
LA DANSE MACABRE, 1 vol. in-8	7 50	3 »
LES FRANCS TAUPINS, 3 vol. in-8	21 »	9 »
LE ROI DES RIBAUDS, 2 vol. in-8, portrait (épuisé).	15 »	10 »
LES DEUX FOUS, 2 vol. in-8	15 »	6 »
PIGNEROL, 2 vol. in-8	15 »	6 »
LA FOLLE D'ORLÉANS, 2 vol. in-8	15 »	6 »
VERTU ET TEMPÉRAMENT, 2 vol. in-8	15 »	6 »
SOIRÉES DE WALTER SCOTT, 2 vol. in-8 (épuisé)	15 »	10 »
LE BON VIEUX TEMPS, 2 vol. in-8	15 »	6 »
QUAND J'ÉTAIS JEUNE, 2 vol. in-8	15 »	6 »
MON GRAND FAUTEUIL, 2 vol. in-8 (épuisé)	15 »	10 »
LA FEMME SUPÉRIEURE (formant les tom. 13 et 14 des Études de Mœurs), par H. de Balzac, 2 vol. in-8	15 »	10 »
LES REVENANTS, par J. Sandeau (auteur de MARIANNA), 2 vol. in-8	15 »	10 »
LES CATACOMBES, par J. Janin, 6 vol. in-12	18 »	6 »
LE SIÉGE DE VIENNE, roman historique, par madame la baronne de Montolieu, 3 vol. in-12 (épuisé).	10 »	7 »
LA ROSE DE JÉRICHO, par madame la baronne de Montolieu, 1 vol. in-12	3 »	2 »
LE VICOMTE DE PLESSIS-LÈS-TOURS, par Chasserot, 2 vol	15 »	4 »
LE DERNIER JOUR, poème en dix chants, par Jean Reboul, de Nîmes; accompagné de notes et suivi d'une Lamentation à la ville de Nîmes, 1 vol. in-8.	7 50	3 »
HISTOIRE D'HÉLOISE ET D'ABAILARD, par M. Guizot; 2 vol. grand in-8, avec 40 gravures (édit. Houdaille)	20 »	8 »
LE TAPAGEUR, roman de mœurs, par Aug. Ricard, 2 vol. in-8	15 »	10 »
DON JUAN DE SERVANDONA, par de Fonbonne, 2 vol	15 »	7 »
ÉRARD DU CHATELET, par le comte de Pastoret, auteur de GUISE A NAPLES, 2 vol. in-8	15 »	10 »
ROBERT DE CUNINGHAM, 2 vol. in-8	15 »	9 »

Imprimé par Béthune et Plon.

LA VILLA
PALMIERI,

PAR

ALEXANDRE DUMAS.

TOME SECOND.

PARIS.
DOLIN, LIBRAIRE-COMMISSIONNAIRE,
QUAI DES AUGUSTINS, 47.
1843.

LA VILLA PALMIERI.

CHAPITRE PREMIER.

SAINT-LAURENT.

Saint-Laurent est le Saint-Denis de Florence, comme Sainte-Croce en est le Panthéon. Dès la plus haute antiquité cette église était sous le patronage des Médicis, qui en avaient fait leur chapelle sépulcrale.

D'abord les tombeaux étaient dans de simples caveaux, aujourd'hui fermés ou inconnus; soixante Médicis dorment là comme dans l'histoire, vivant seulement par le nom de leurs successeurs.

Mais, à mesure que le nom grandit, que la richesse s'augmente, les tombeaux sortent de terre avec de pompeuses inscriptions; le marbre fleurit en leur honneur, le bronze s'arrondit en colonnes, se courbe en cercueil, s'agenouille en statue.

Le premier tombeau remarquable est celui de Jean de Médicis et de sa femme. Il s'élève au milieu de la sacristie vieille, et supporte la table de marbre qui en forme le milieu. Celui-là c'est le second gonfalonnier du nom, son père l'avait été en 1378.

Son fils Côme-le-Vieux, le Père de la patrie, si vanté, ce terrible arithméticien qui, résolvant son problème de despotisme futur, aimait mieux dépeupler Florence que de la perdre, est enterré au milieu du chœur de l'église : une simple pierre, portant son épitaphe gravée, indique où il repose.

Laurent-le-Magnifique, avec deux ou trois autres Médicis, repose dans un tombeau de bronze qui s'élève près de la porte de la sacristie vieille : on l'avait mis là en attendant qu'on lui fît un tombeau digne de lui. Il y est resté. Julien, qui a été tué dans la conjuration des Pazzi, y dort à ses côtés.

Maintenant voici la famille qui grandit en s'abaissant. La race des Médicis est réduite à trois bâtards, Hippolyte, Clément et Alexandre. Mais de ces trois bâtards l'un est cardinal, l'autre est pape, l'autre est grand-duc. Il faut une nouvelle chapelle aux Médicis pour consacrer cette nouvelle ère de leur fortune : Michel-Ange l'exécutera.

C'est Alexandre qui la commande. Le premier tombeau qui s'élève est celui de son père, Laurent, duc d'Urbin, en supposant toutefois que Laurent soit son père ; car lui-même ignore de qui il est fils, et ne sait s'il doit la naissance au duc d'Urbin, au pape Clément VII, ou au muletier qui était le mari de sa mère. Ajoutons en passant que cette mère était une Mauresque et qu'Alexandre la fit tuer, parce que sa grande ressemblance avec elle dénonçait la bassesse de son origine. Il va sans dire que le cadavre de la pauvre femme n'eut pas les honneurs de la chapelle Saint-Laurent.

C'est sur ce tombeau qu'est assis la tête couverte d'un casque et le menton appuyé dans sa main, qui, lui couvrant tout le bas du visage, ne laisse voir que les yeux, ce terrible *Pensiero* de Michel-Ange, la tête d'expression par excellence, du caractère de laquelle ni anciens ni modernes n'ont jamais approché. Il est malheureux qu'un pareil chef-d'œuvre représente un misérable comme ce lâche duc d'Urbin, dont tout le mérite consiste à avoir donné à la Toscane son premier tyran couronné, et à la France la reine qui fit la Saint-Barthélemy. Catherine était la sœur d'Alexandre.

Au pied du *Pensiero*, Michel-Ange a couché deux de ces statues comme lui seul les pouvait faire : c'est le Crépuscule et l'Aurore; l'une s'endort, l'autre s'éveille. Ces statues renferment-elles une allégorie? On a fort discuté là-dessus, et le résultat de la discussion est qu'on est un peu moins avancé aujourd'hui qu'elle est à peu près finie, que la veille du jour où elle a commencé.

Mais ce qui est indiscutable, c'est le génie immense avec lequel ce marbre est fouillé, pétri, torturé : on dirait de la main d'un géant qui a pesé sur cette pierre. Adam et Ève devaient fort ressembler à ces deux statues en sortant de la main de Jéhovah.

Puis, avec son caprice habituel, Michel-Ange a laissé la tête de l'homme à moitié ébauchée : ébauche terrible sous laquelle vit la physionomie, masque plus grandiose que n'aurait jamais pu l'être une figure.

D'autres parties encore sont lâchées, comme on dit en termes d'artiste, et entre autres les pieds de la femme, sur lesquels on voit encore toutes les éraillures du ciseau; ce qui n'empêche pas que ces pieds ne soient encore admirables et d'un modèle magnifique.

Le tombeau placé en face du tombeau de Laurent, fait duc d'Urbin par Léon X, est celui de Julien, fait duc de Nemours par François Ier.

Comme le *Pensiero*, Julien est assis dans une niche parallèle à celle de son terrible pendant. Mais cette fois, le génie du statuaire s'est laissé aller à une simple ressemblance, et n'a rien voulu laisser à deviner : c'est un beau jeune homme de vingt-huit à trente ans, auquel l'exagération de son cou donne beaucoup de grâce. A ses pieds sont aussi couchées deux statues : le Jour et la Nuit.

La statue du Jour, comme celle du Crépuscule, est inachevée; et cependant l'imagination va chercher la tête dans le marbre à peine dégrossi; le reste du corps, terminé entièrement, est magnifique de détails; un des pieds surtout est miraculeux de vie et de vérité.

La statue de la Nuit, placée en opposition avec celle du Jour, est parfaitement achevée. Elle est célèbre de sa propre célébrité d'abord, puis par le quatrain de Strozzi et par la réponse de Michel-Ange.

C'est une grande famille que celle de ces Strozzi, dont les aïeux soutinrent dans la citadelle de Fiesole un siége de cent quinze ans. Les uns se battaient pour la république, les autres chantaient la liberté; ceux-ci mouraient comme Brutus, ceux-là vivaient comme Tyrtée.

Jean-Baptiste Strozzi vint voir le tombeau de

Julien comme Michel-Ange achevait la statue de la Nuit. Cette belle figure le frappa; et, pendant que Michel-Ange était sorti un instant, il écrivit sur la muraille les quatre vers suivants, et sortit à son tour :

> La Notte che tu vedi in si dolci atti
> Dormir, fu da un Angelo scolpita
> In questo sasso; e perchè dorme, ha vita;
> Destala, se non credi, e parleratti.

« Cette Nuit, que tu vois dormir dans une si douce attitude, fut tirée de cette pierre par la main d'un Ange; elle vit, puisqu'elle dort; et, si tu en doutes, éveille-la, et elle va te parler. »

Michel-Ange rentra, lut ces vers, et écrivit au-dessous car —, tout en bâtissant des tombeaux aux tyrans, le vieux républicain vivait toujours en lui — :

> Grato m'è il sonno, e piu l'esser di sasso;
> Mentre che il danno e la vergogna dura,
> Non veder, non sentir, m'è gran' ventura.
> Però non mi destar : deh! parla basso.

« Le sommeil m'est doux, mais il m'est plus doux encore d'être de pierre; car tout le temps que durera notre honte et notre deuil, ce me sera une fortune de ne pas voir et de ne pas sentir. Ne m'éveille donc pas. Ah! parle bas! »

Maintenant peut-être dira-t-on qu'il faut être la déesse de la Nuit elle-même pour dormir dans l'attitude impossible que Michel-Ange a donnée à sa statue; mais Michel-Ange était bien homme à s'inquiéter, lui, du possible ou de l'impossible! ce qu'il lui fallait, à lui, c'étaient de ces torses tourmentés qui laissaient voir toute la charpente humaine, et qui prouvaient que, à l'instar de Prométhée, il pouvait créer son semblable. Les hommes d'une certaine taille ne doivent pas être soumis au compas et à l'équerre; il faut les regarder comme ils veulent être vus, par la terre et par le ciel, d'en bas et d'en haut.

Il y a encore dans la même chapelle une Vierge et un Enfant-Jésus qui peuvent aussi bien être une Latone et un Apollon, une Sémélé et un Bacchus, une Alcmène et un Hercule. Michel-Ange était le sculpteur païen par excellence; son *Mose in vincoli* est un Jupiter

Olympien; son Christ de la Sixtine, un Apollon Vengeur.

Qu'importe! tout cela est grand, tout cela est beau, tout cela est sublime! Michel-Ange est colossal comme ses statues : la critique ne lui va pas au genou.

Mais voici qu'Alexandre Ier est assassiné par son cousin Lorenzino, et que, comme on ne sait où mettre son cadavre, on le jette avec celui du duc d'Urbin, son père putatif. Côme Ier monte sur le trône. Le principat entre dans la famille des Médicis, arrivée à son apogée, avec le fils de Jean des Bandes. Les chapelles sont si étroites, qu'on est obligé de mettre les tombeaux les uns sur les autres; les tombeaux sont si pleins, qu'on est obligé de mettre deux cadavres dans le même tombeau. Il faut d'autres tombeaux, il faut une autre chapelle. On n'aura plus Michel-Ange, c'est vrai, pour tailler le marbre; on grattera du jaspe, du lapis-lazuli, du porphyre. Le génie de l'homme absent sera remplacé par la richesse de la matière: à défaut de grandiose on fera du grand.

C'est l'époque où les artistes s'en vont et où les princes viennent. Don Jean de Médicis, frère du grand-duc Ferdinand, trace le plan de la nouvelle chapelle. Les Florentins sont des gens heureux ; après avoir eu de l'architecture d'hommes de génie, il vont avoir de l'architecture de grand-seigneur : ce sera moins beau, c'est vrai, mais ce sera plus riche. Pour le bourgeois, c'est une grande compensation.

Aussi s'élève-t-il bien plus de cris d'admiration dans la chapelle des Médicis que dans la nouvelle sacristie : il y a là un brave gardien qui vous fait toucher du doigt et de l'œil toutes ces richesses, qui vous explique le prix de chaque chose, qui vous dit combien la chapelle a déjà coûté, combien elle coûtera encore ; ce qu'il a fallu de temps et d'ouvriers pour tailler toutes ces pierres dures ; d'où vient ce granit, d'où vient ce porphyre, d'où ce jaspe sanguin, d'où ce lapis-lazuli : c'est un cours de géologie pratique, c'est une leçon de géographie : c'est extrêmement instructif.

Il est vrai que, des deux statues qui existent,

et dont l'une est de Jean de Bologne et l'autre de Tacca, il en est question à peine. Elles ne sont cependant pas sans mérite ; mais ce n'est que du bronze.

Il était venu à Ferdinand une idée bien en harmonie avec le gigantesque orgueil de la famille : c'était, moyennant une somme convenue, deux millions, je crois, de faire enlever le Saint-Sépulcre et de le mettre au milieu des tombeaux de sa famille. Le marché avait été conclu avec l'émir Facardin Ebneman, venu à Florence en 1613, et qui se disait descendant de Godefroy de Bouillon. L'histoire ne dit pas ce qui empêcha la chose de se faire. Quiconque a lu avec attention la vie des Médicis conviendra que le Christ se serait trouvé là en singulière compagnie.

Le grand-duc continue l'œuvre de ses prédécesseurs ; il faudra encore vingt ans et six ou huit millions pour que la chapelle soit entièrement finie : mais, en homme de goût qu'il est, il a pris pour lui et pour sa famille un petit caveau de la nouvelle sacristie.

En sortant de la chapelle des Médicis, on

monte à la bibliothèque Laurentienne : là sont neuf mille manuscrits recueillis pour la plupart par les soins de Côme, le Père de la patrie; de Pierre-le-Goutteux et de Laurent-le-Magnifique. Les plus précieux de ces manuscrits sont : les Pandectes de Justinien enlevées aux Amalfitains par les Pisans en 1135, et qui, du temps de la république, n'étaient montrées aux curieux qu'avec une permission de la seigneurie et à la lueur de quatre flambeaux; sous les grands-ducs, le trésorier de la couronne en avait seul la clef, et ne leur faisait voir le jour que sous sa propre responsabilité; aujourd'hui elles sont tout bonnement dans une case de pupitres, assurées par une seule chaîne et protégées par un simple cristal, à travers lequel on peut lire cette belle écriture qui, selon toute probabilité, remonte au quatrième siècle;

Un Virgile du quatrième au cinquième siècle dont il manquait les premières pages, — premières pages qui, par une espèce de miracle, sans qu'on sût comment elles se trouvaient là et comment elles avaient été détachées du corps de l'ouvrage, furent retrouvées un beau jour à la Bibliothèque du Vatican ;

Le fameux manuscrit de Longus devenu européen par la tache d'encre qui couvre le passage dont Paul-Louis Courrier a donné le premier la véritable et par conséquent l'unique version; une lettre du savant pamphlétaire y est jointe, déclarant que cette tache d'encre est faite par étourderie ;

Le manuscrit des tragédies d'Alfieri, tout biffé, tout raturé, tout surchargé : preuve vivante que la pensée ne se coule pas du premier jet en bronze, et que cette fermeté de style, qui semble le fruit de l'inspiration, n'est que le résultat du travail ;

Une copie du *Decameron* de Boccace, donnée par un ami de Boccace neuf ans après que l'original fut brûlé, et qui passe pour avoir été transcrite sur l'original ;

Enfin un délicieux portrait de Laure faisant pendant à un fort maussade portrait de Pétrarque, à qui le dessinateur a eu le mauvais goût de faire tourner le dos à sa bien-aimée.

En sortant de l'église, et en traversant la place, on va se heurter à un socle de marbre, couvert de bas-reliefs représentant des scènes de guerre; ce socle est le piédestal d'une statue qui devait être élevée par Côme Ier à son père Jean de Médicis, plus généralement connu sous le nom de Jean des Bandes-Noires. Le piédestal seul fut achevé : sans doute Côme ne trouva pas le temps de faire la statue; il est vrai qu'il ne régna que trente-sept ans.

Cela ne prouve-t-il pas que Côme n'était pas beaucoup meilleur fils qu'il n'était bon père !

CHAPITRE II.

LA GALERIE DES OFFICES A FLORENCE.

Ce fut Côme Ier qui ayant fait venir Georges Vasari, lequel réunissait, à un degré médiocre il est vrai, les trois talents de peintre, de sculpteur et d'architecte, lui ordonna de bâtir, pour rassembler en un même palais les différentes branches de la magistrature, la galerie devenue si célèbre depuis sous le nom de Galerie des Offices.

Je ne sais pas si, pendant que Vasari travaillait à ce monument, il ne vint pas à Côme Ier l'idée de lui donner sa destination actuelle; ce que je sais, c'est que sa disposition intérieure est des plus singulières. — Il renferme vingt chambres que longent trois gigantesques corridors.

Un de ces corridors est destiné à l'histoire chronologique de la peinture. Là on peut suivre toutes les périodes qu'elle a parcourues depuis sa naissance, sous Riccc di Candia, Cimabuë et Giotto, jusqu'à sa décadence, sous Vasari et ses successeurs. — Ces tableaux forment un tout parfaitement complet : aussi Vasari priait-il instamment Côme Ier de ne jamais les disperser.

Comme on le comprend bien, nous ne nous amuserons pas à reproduire un catalogue. Nous écrivons, tant bien que mal, une histoire, et non pas un guide des voyageurs. Nous ferons donc comme les curieux : nous passerons rapidement devant tous ces malheureux maîtres secondaires, qui semblent n'être là que pour être insultés par l'indifférence des visiteurs, et nous courrons tout droit à la salle de la Tribune.

La salle de la Tribune, c'est la chose dont l'artiste entend parler tout le long de sa route, c'est la chose dont lui parle son hôte quand il descend de son humble vetturino, c'est la chose dont lui parle son cicerone avant même qu'il ne soit convenu avec lui du prix qu'il lui donnera pour ses courses journalières ou pour ses renseignements à un demi-paul l'heure.

Il en résulte un grand malheur : c'est que, quelque merveilleuse que soit cette fameuse salle de la Tribune, on y entre avec un sentiment idéal qui dépasse presque toujours la réalité. Il est vrai que la Tribune est comme Saint-Pierre de Rome : plus on la visite, plus on réagit contre cette première déception.

La Tribune renferme cinq statues antiques, toutes cinq ont été mises par le jugement de la postérité au nombre des chefs-d'œuvre légués par les Grecs au reste du monde, et arrachées successivement par les modernes à ce vaste tombeau qu'on appelle Rome, et où elles avaient dormi près de mille ans.

Ces cinq statues sont le Rémouleur, le Faune dansant, les Lutteurs, l'Apollino et la Vénus de Médicis.

Le Rémouleur est parfaitement connu de nos Parisiens; nous en possédons une bonne copie en bronze dans le jardin des Tuileries. Les savants, qui ont la rage de vouloir tout découvrir, ont voulu savoir ce que c'était que ce fameux rotateur, et quelle pensée il cachait dans cette tête si peu occupée de ce que font ses mains. Les uns ont prétendu que c'était le serviteur qui dénonça les fils de Tarquin; les autres ont dit que c'était l'esclave qui découvrit la conspiration de Catilina; d'autres enfin ont affirmé que c'était le Scythe qui, sur l'ordre d'Apollon, se prépare à devenir le bourreau de Marsyas. Or, comme chacun a soutenu sa thèse, comme chacun est resté dans son système, comme chacun a maintenu sa théorie, il en résulte qu'on n'est pas plus avancé que le jour où le Rémouleur est reparu à la surface de la terre; seulement chacun est libre de choisir entre les trois opinions.

Le Faune dansant est une de ces rares gaietés à l'aide desquelles on parvient de temps en temps à faire descendre l'antiquité de son piédestal et à se retrouver face à face avec son côté terrestre et humain. C'est un jeune homme de vingt-cinq à vingt-six ans, plein de vivacité et d'enjouement sauvage; il appuie le pied sur un soufflet dont le son grotesque est censé accompagner ses mouvements. Il était mutilé quand on le retrouva, et on le mutila en le retrouvant. Michel-Ange restaura le bras et la tête, qui sont en parfaite harmonie avec le reste du corps.

Les Lutteurs sont un de ces chefs-d'œuvre sans âme comme en faisaient si souvent les Grecs. La forme en est admirable, le dessin en est parfait. Il n'y a pas sur ces deux corps qui se roidissent un seul muscle, un seul nerf, une seule fibre qui ne soit à sa place. Aussi les anatomistes se pâment en général de plaisir en les regardant.

L'Apollino est cette gracieuse statue que mes lecteurs connaissent aussi bien que moi, et qui représente, selon toute probabilité, l'Apollon enfant. Le jeune dieu croise une jambe sur l'autre et pose élégamment son bras sur sa tête. C'est la perfection des formes de l'adolescent, comme l'Apollon du Belvédère sera la perfection des formes de l'homme. Je le préfère de beaucoup à la Vénus de Médicis, dont au reste il semble, sinon le mari, du moins le fiancé.

Quelques jours après mon arrivée à Florence, un tableau appendu aux murs de la Tribune se détacha, et renversa de son piédestal le pauvre Apollino, qui, en tombant, se brisa en trois morceaux. Je courus aussitôt à la galerie des Offices, et j'y trouvai le grand-duc qui était accouru de son côté du palais Pitti, par le corridor de Côme Ier, pour juger par lui-même du dégât. Il était grand, et au premier abord fut jugé irréparable ; mais les Florentins sont de si habiles réparateurs qu'aujourd'hui l'Apollino est sur son piédestal aussi solide et aussi admiré que s'il n'avait jamais reçu la moindre égratignure.

Trois semaines après je lus dans un journal français que l'Apollino s'était brisé en tombant du haut de la tribune; ce qui fit rire beaucoup les Florentins, attendu qu'il n'y a pas de tribune dans la Tribune. L'article était cependant d'un de nos plus célèbres critiques, qui quelques mois auparavant était venu à Florence. — Il est vrai que ce critique est myope.

J'ai gardé la Vénus de Médicis pour la bonne bouche, comme dirait Brillat-Savarin ; car la Vénus de Médicis est une de ces statues sur lesquelles se sont épuisées toutes les formules d'éloges. Il en résulte que, lorsqu'on n'admire pas la Vénus de Médicis jusqu'à l'idolâtrie, on est généralement regardé comme un athée, ou tout au moins comme hérétique.

En effet Thomson a dit en parlant d'elle :

« La Vénus de Médicis, cette statue qui, mollement penchée, charme l'univers. »

Denon a prétendu que :

« Son pied, trouvé même séparé du corps, eût été un monument. Descendue du ciel, ajoute-t-il, l'air seul a pressé ses fluides contours, pour la première fois son pied vient de toucher la terre et de fléchir sous le poids du plus souple comme du plus élastique de tous les corps. »

Winkelman a renchéri sur tous :

» La Vénus de Médicis, a-t-il dit, ressemble à une rose qui s'ouvre doucement au lever du soleil. Elle paraît quitter cet âge qui est rude et âpre comme les fruits avant leur maturité. C'est au moins ce qu'indique son sein, qui a déjà plus d'étendue et de plénitude que celui d'une jeune fille. »

—Ah! monsieur l'abbé!

Il est vrai que la pauvre Vénus a bien eu aussi ses détracteurs ; de nos jours bien peu de réputations résistent à cette manie de dénigrer qui est particulière à notre bonne nation. Le saint Cattino lui-même, le plat miraculeux avec lequel Jésus fit la pâque; le saint Cattino, qui passait pour un seul morceau d'émerande; le saint Cattino, sur lequel les juifs, pendant le siége de Gênes, prêtèrent à Masséna quatre millions; le saint Cattino, rayé avec un diamant, a été reconnu pour être de l'humble verre. Il est arrivé pis encore à la Vénus de Médicis.

Cochin et Lessing, après un mûr et profond examen, ont déclaré que la tête et les deux bras étaient modernes, que les pieds avaient subi plusieurs fractures, mais que tout le reste était antique, à l'exception de quelques petits morceaux dans le torse et ailleurs.

Gall et Spurzheim ont été plus loin : passant de la forme au fond, de la pensée à la matière, du naturalisme à l'idéalisme, ils ont tâté le crâne de la pauvre déesse, et ont déclaré que, si malheureusement ce crâne était moulé sur nature, la mère des amours ne pouvait être qu'une idiote.

Je ne dirai rien de la restauration. Quand les restaurations sont bonnes, je les aime assez en ce qu'elles me prouvent qu'en tout temps il y a des hommes de génie. L'auteur inconnu du Faune ne me paraît pas le moins du monde déshonoré de ce que Michel-Ange a refait les bras de sa statue.

Je ne dirai rien de l'opinion de Gall et de Spurzheim sur le médiocre degré d'intelligence dont devait jouir la déesse de la beauté, en supposant que la tête de l'original ait la même conformation que la tête de la copie. Il est probable que Jupiter ne l'avait pas faite dans l'intention qu'elle découvrît le système du monde, comme Copernic, ou qu'elle inventât les paratonnerres, comme Franklin. Jupiter l'avait faite parce qu'il manquait au ciel une déesse de la beauté et sur la terre une mère des amours. Or, si la Vénus de la Tribune est belle, tout est résolu.

Malheureusement, à mon avis, la Vénus de Médicis n'est point belle, du moins de cette beauté qui convient à l'amante de Mars, d'Adonis, d'Anchise, à la déesse d'Amathonte, de Paphos, de Lesbos, de Gnide et de Cythère.

La Vénus de Médicis est une nymphe de ballet mythologique surprise au bain par un berger indiscret, et qui prend une pose d'opéra indiquée par Corali ou Mazillier.

Cela est d'autant plus vrai que la Vénus,

qui a l'air de vouloir tout cacher, ne cache absolument rien.

Oh! que ce n'était point là la Vénus antique, la magicienne qui enlevait la pomme d'or à Junon et à Pallas en laissant tomber à ses pieds ses vêtements! que ce n'était pas là l'amante de Bacchus, la mère de Priape, l'impudique épouse de Vulcain! que ce n'était pas là la déesse qu'invoquait Pasiphaé et qui brûlait les veines de Phèdre! que ce n'était point là la divinité qu'imitait Cléopâtre quand, demi-nue, voluptueusement couchée sur une peau de tigre, entourée d'Amours qui faisaient fumer l'encens, elle remontait le Cygnus sur une galère dorée! que ce n'était pas là la divinité qui servait d'excuse à Messaline lorsque, pour ses débauches nocturnes, cachant ses cheveux noirs sous une perruque blonde et son nom d'impératrice sous un nom de courtisane, elle allait porter un défi de luxure aux soldats des corps-de-garde et aux portefaix des carrefours!

La statue de la Tribune est une belle et

gracieuse jeune fille, un peu maniérée, qu'on peut examiner le lorgnon à la main sans désirer un seul instant qu'elle s'anime, comme la Galatée de Pygmalion; mais à coup sûr ce n'est pas Vénus.

Maintenant assez de blasphèmes comme cela, passons du marbre à la toile, des chefs-d'œuvre antiques aux chefs-d'œuvre modernes : ceux-ci ont du moins un avantage sur les autres, on sait de qui ils sont. Il est vrai qu'une inscription gravée sur le socle de la statue, indique que son auteur se nommait Cléomènes, fils d'Apollodore; mais ne voilà-t-il pas que les savants ont découvert que l'inscription était rapportée, que les lettres ne pouvaient pas être du même temps que la statue, et que c'était sans doute quelque marchand de bric-à-brac romain qui avait commis cette fraude pour tirer de sa marchandise deux ou trois cents sesterces de plus!

Mais les savants sont de cruels jouteurs. Ce n'est pas tout que de renverser; ils veulent rebâtir, et c'est ce à quoi malheureusement ils s'entendent un peu moins bien. Ils avaient débaptisé la statue, il fallait lui rendre un nom; ils en avaient fait un enfant naturel, il fallait lui trouver un père. Rien de plus facile. Malheureusement on ne s'est pas entendu sur la paternité; les uns l'ont faite fille de Scopas, les autres de Praxitèle, les autres enfin de Phidias. La Vénus de Médicis, qui fut un instant sans géniteur, en a trois maintenant. Choisissez.

Passons au Raphaël. A tout seigneur tout honneur. Il a été à l'unanimité élu roi de la Tribune : salut à Sa Majesté.

Il y a six tableaux de Raphaël dans cette seule chambre : deux de plus, je crois, que nous n'en avons par tout le Musée. On a rapproché ses trois manières afin que l'on pût juger de ses progrès, ou, comme le disent quelques idéalistes, de ses écarts.

* Parmi les deux Saintes Familles, qui toutes deux sont de la première manière de Raphaël, il y en a une qu'on lui conteste : c'est celle où la Madone, l'enfant Jésus et le petit saint Jean sont réunis au premier plan d'un paysage

au fond duquel on voit à gauche les ruines d'une ville, et à droite une petite maison au-dessus ombragée par un de ces arbres à la tige grêle et au rare feuillage, comme on en retrouve dans tous les fonds de tableaux du Pérugin.

Nous ferons pour la Madone del Pozzo, car je crois que c'est le nom qu'elle porte, ce que nous avons fait pour la Vénus de Médicis, c'est-à-dire que nous nous abstiendrons de prendre parti dans une si grave question, quoique l'ouvrage nous paraisse parfaitement digne du maître auquel il est attribué; car dans toute son école nous ne voyons pas, nous l'avouons, un seul artiste qui, l'ayant fait, n'eût eu par ce seul tableau sa réputation établie.

En effet c'est une des plus charmantes compositions raphaélesques qu'il soit possible de voir. Il est, comme nous l'avons dit, de sa première manière, ou plutôt du commencement de la seconde, c'est-à-dire qu'à l'idéalisme du Pérugin se joint déjà cet amour de la forme que le peintre d'Urbin, ingrat à son nom d'Ange, prendra en voyant les chefs-d'œuvre de l'antiquité.

La Vierge, assise sur un terrain tout couvert de fleurs, tient dans son bras droit l'Enfant Jésus qui s'élance à son cou avec un mouvement plein de gentillesse et de calme, et tend la main gauche au petit saint Jean qui lui présente la légende : *Ecce agnus Dei.*

Toute cette composition est d'une simplicité ravissante et d'un dessin délicieux : le coloris en est vague et doux, et le clair-obscur excellent.

Je crois que si Raphaël revenait au monde, il serait fort blessé que l'on attribuât à un autre qu'à lui la paternité de cet admirable tableau.

Quant au portrait de Madeleine Doni, quant au Saint Jean au désert, quant au portrait de Jules II, il est reconnu que ce sont des chefs-d'œuvre : nous n'en parlerons donc pas.

Il y a deux Titiens; ses deux Vénus, c'est-à-dire deux des plus beaux Titiens qu'il y ait au monde.

Il y a une Sainte-Famille de Michel-Ange : figurez-vous un tableau de chevalet sorti du pinceau de l'homme qui a fait le Jugement dernier. Cette Sainte-Famille avait été exécutée pour un gentilhomme florentin nommé Agnolo Doni, le mari peut-être de la femme dont Raphaël fit le portrait. Quelle époque, soit dit en passant, que celle où l'on pouvait commander un portrait à Raphaël et un tableau de chevalet à Michel-Ange! Malheureusement, contre les habitudes économiques des Florentins, Agnolo Doni avait oublié de faire prix pour l'œuvre avant que l'œuvre ne fût commencée. Le tableau achevé, Agnolo Doni s'informa auprès de Michel-Ange de quelle somme il lui était redevable : le peintre demanda soixante-dix écus. Alors l'acheteur se récria et voulut marchander. Mais Michel-Ange porta aussitôt son prix à cent quarante. Agnolo Doni s'empressa de payer, de peur que ce prix, en se doublant toujours, ne portât bientôt le tableau qu'il désirait avoir au delà de ses moyens.

Il y a encore Notre-Dame sur un piédestal, avec Saint François et Saint Jean l'évangéliste debout, d'André del Sarto; une Sainte Famille avec Sainte Catherine, de Paul Véronèse; le Charles-Quint après son abdication de Van Dyck; la Vierge adorant l'enfant Jésus, du Corrége; Hérodiade recevant la tête de saint Jean-Baptiste des mains du bourreau; enfin la Vierge entre saint Sébastien et saint Jean-Baptiste, du Pérugin, et la Bacchante d'Annibal Carrache, ces deux types, le premier de l'école spiritualiste; le second, de l'école naturaliste.

— J'en passe, comme Ruy-Gomez, non pas des meilleurs peut-être, mais de fort beaux encore, comme, par exemple, le Cardinal Beccadilli, du Titien, et le duc François d'Urbin, du Barroccio, pour m'arrêter un instant sur le chef-d'œuvre du peintre de Pérouse et sur celui du peintre de Bologne : tous deux méritent bien qu'on en dise quelques mots, non-seulement pour leur mérite réel, mais à cause de la manière dont ils expriment, l'un l'époque des croyances religieuses, l'autre le temps de la réaction classique. Commençons par celui du Pérugin.

Le nom seul de l'auteur du tableau indique qu'il appartient tout entier à cette époque de foi et de sentiment, où les réminiscences grecques n'avaient point encore détourné l'art de la voie religieuse dans laquelle l'avaient fait entrer Cimabuë, Giotto et Ange de Fiesole : aussi, ce qui frappe d'abord dans cette peinture, c'est l'expression profonde de chaque personnage : la Madone est bien la femme élue pour être l'épouse mystique d'un Dieu ; ses yeux sont pleins de son amour présent et de sa douleur à venir ; elle est belle à la fois de la beauté des vierges et de la beauté des mères.

L'Enfant Jésus conserve encore ce type de l'école primitive que changera bientôt Raphaël : c'est le divin Bambino, blond, potelé, naïf, gracieux et bénissant, dont souvent, à défaut d'auréole, les cheveux d'or trahissaient la divinité.

Saint Jean-Baptiste les regarde avec cet

amour qu'il a reçu du ciel pour le Christ, et qu'il remportera au ciel sans qu'un instant les erreurs, les passions ou les intérêts de la terre aient eu l'influence de l'altérer : on sent que, plus heureux que saint Paul, il a toujours connu Jésus pour être plus qu'un homme, et que, plus constant que saint Pierre, il ne le reniera jamais pour être un Dieu.

Saint Sébastien a les mains liées au dos, et le corps tout couvert de flèches : il achève son martyre, et déjà cherche des yeux au ciel celui pour lequel il va mourir sur la terre.

Tout ceci est de la plus belle manière et du plus beau temps du Pérugin, c'est-à-dire simple, religieux, doux et grave. On reconnaît dans la Madone et dans le Bambino les chairs délicates de la femme et de l'enfant; dans saint Jean-Baptiste et dans saint Sébastien, les muscles et l'ossature de l'homme; enfin le coloris en est sévère, le dessin noble et la perspective savante.

Passons maintenant à la Bacchante d'Annibal Carrache.

Il arrive parfois qu'un rocher, qui du haut de la montagne roule au fond de la vallée, trouve au milieu de sa route un groupe de robustes sapins ou de forts mélèzes qui l'arrêtent dans sa chute. Il demeure là ainsi suspendu tant que l'obstacle réagit contre lui de toute la force de sa jeune sève; mais peu à peu, et l'un après l'autre, les arbres se fanent, meurent, se dessèchent, tombent en poussière, et le rocher entraîné par les lois de la pesanteur reprend sa course et disparaît dans l'abîme.

Il en fut ainsi de l'art italien : descendu des hauteurs sublimes où l'avaient porté les grands maîtres, il roulait rapidement vers sa décadence, lorsqu'il rencontra les cinq Carraches, ces satellites de l'école dont le Dominiquin est l'astre; et l'art soutenu par eux fit une halte de cinquante ans.

Du grand siècle de Léon X et de Jules II, il ne restait plus que Michel-Ange; et pareil à ces vieillards bibliques qui survivent à un monde, le géant de la peinture et de la sculpture s'en allait seul et silencieux, bâtissant des tombeaux au milieu de ruines.

Alors naquirent les Carraches : ils jetèrent les yeux autour d'eux, et reconnurent qu'ils arrivaient trop tard ; leurs aînés avaient tout inventé, tout pris !

Pérugin avait pris le sentiment, Titien le coloris, Raphaël la forme, Michel-Ange l'expression, le Corrège la grâce.

Les Carraches comprirent qu'il ne restait rien pour l'individualisme ; qu'en adoptant l'une ou l'autre de ces qualités ils ne la pousseraient sans doute pas au degré que l'inventeur avait atteint lui-même, et que d'ailleurs, arrivés à ce degré, ils ne seraient encore que des copistes : ils résolurent donc de réunir en eux les qualités différentes des différents maîtres, au risque de rester au-dessous de chacun d'eux dans leurs qualités suprêmes, mais aussi avec la chance de les surpasser dans leurs qualités inférieures. Ne pouvant pas être fleurs et avoir leur parfum, ils se firent abeilles et composèrent leur miel.

Aussi approchèrent-ils de leurs modèles autant que le talent peut approcher du génie, autant que l'habileté peut approcher de la conscience, autant que l'esprit peut approcher du sentiment.

Leur époque était toute païenne : il en résulta qu'ils laissèrent entièrement de côté les peintres mystiques, pour n'imiter et suivre que les peintres naturalistes. Cela n'empêche pas les tableaux d'église nés de leurs pinceaux d'être de belles et riches peintures : seulement leur Christ a le torse du Laocoon; et leur Madone au pied de la croix exprime la douleur de Niobé accusant Jupiter, et non la résignation de la Vierge glorifiant Jéhovah.

Aussi est-ce dans la peinture païenne qu'ils excellent : leurs tableaux mythologiques sont presque toujours des chefs-d'œuvre, et la Bacchante est de ce nombre. Le sujet une fois adopté, il est impossible de l'exécuter d'une façon plus en harmonie avec la scène qu'il représente : la femme est frissonnante de plaisir, tous ses muscles tendent à la débauche et a l'orgie ; c'est Érigone tout entière dans son impudique nudité : le satyre, de son côté, réunit en lui la force du centaure à la lubricité du faune ; et il n'y a pas jusqu'aux petits Amours semés dans le tableau qui ne prennent part, qui ne concourent, par leurs gestes et leur physionomie, à l'ensemble de cette Bacchanale.

Tout cela est peint largement, avec une science merveilleuse, avec une habileté extrême, et avec une fierté de couleur qui porte en elle-même l'excuse de sa rudesse. En somme, c'est une œuvre de maître.

Quant aux âmes chastes que révolterait cette liberté de pinceau, elles peuvent, après avoir regardé la Bacchante, aller se purifier par une prière devant la Madone du Pérugin.

Les deux chambres voisines de la Tribune sont consacrées à l'école toscane. On y trouve trois ou quatre Beato Angelico délicieux; la fameuse Tête de Méduse de Léonard de Vinci, faite pour un paysan qui demeurait dans la campagne même du père de l'auteur, et dont les couleuvres sont vivantes; enfin ce portrait de Bianca Cappello dont nous avons déjà parlé en racontant l'histoire romanesque de la fille adoptive de saint Marc.

Mais la chose la plus curieuse peut-être que renferme la galerie des Offices, ce qu'aucune autre galerie au monde ne peut se vanter de posséder, c'est cette merveilleuse collection de portraits d'artistes peints par eux-mêmes, qui commence à Masaccio, et qui se ferme à Bezzoli.

Comprend-on ce que c'est que trois cent cinquante portraits de maîtres faits par les maîtres eux-mêmes, et par des maîtres comme Pérugin, comme Léonard de Vinci, comme Raphaël, comme Michel-Ange, comme André del Sarto, comme l'Albano, comme le Dominiquin, comme Salvator Rosa, comme l'Espagnolet, comme Velasquez, comme Rubens; chacun portant reproduits sur sa physionomie le caractère, le sentiment, le génie de l'artiste, non pas tels que les a compris un pauvre imitateur ou un pâle copiste, mais pris sur le fait, mais peints à l'huile, comme Rousseau dans ses *Confessions*, et comme Alfiéri dans ses *Mémoires*, se sont peints à l'encre!

Aussi j'avoue que cette salle des Peintres est ma salle de prédilection. J'y ai souvent passé des heures entières à chercher la ligne psychologique, si cela peut se dire, qui unissait l'artiste à son œuvre, et presque toujours je l'ai retrouvée; étudiez surtout les têtes de Léonard de Vinci, de Raphaël, de Michel-Ange, du Dominiquin et de Salvator Rosa, et vous reconnaîtrez que ce sont bien là les auteurs de la Cène, de la Madone à la Seggiola, du Moïse, de la Confession de saint Jérôme et du Serment de Catilina.

Une autre recommandation : passez vite près de la salle de l'école française; c'est une mauvaise plaisanterie, et un assez beau Poussin que vous y trouverez ne vous paraîtrait pas une compensation des quinze ou vingt croûtes qu'il vous faudrait subir.

Mais arrêtez-vous dans le corridor devant le Bacchus de Michel-Ange, en terre, par lui vendu pour antique; c'est une œuvre pleine de verve, et toute dans le sentiment du sujet.

Mais faites-vous ouvrir la salle où, près du masque du Faune, premier essai de Michel-Ange enfant, se trouve le buste de Brutus, œuvre inachevée de Michel-Ange vieillard. Un statuaire moderne la reprit, voulut l'achever, puis s'interrompit pour venir à Paris conspirer contre Napoléon; il se nommait Ceracchi; il périt sur l'échafaud, et personne depuis n'osa porter la main sur ce marbre terrible.

Mais entrez dans la salle de la Niobé, et là vous verrez ce que la douleur maternelle a de plus déchirant, ce que la crainte de la mort a de plus expressif: vous verrez quinze statues de marbre (1) qui pleurent, qui sanglotent,

---

(1) La seizième est une Psyché qui s'est glissée par erreur au milieu de la famille d'Amphion.

qui tremblent, qui fuient; vous verrez un désespoir pire que celui de Laocoon, car Laocoon meurt avec ses enfants, et Niobé, plus maudite encore, les voit seulement mourir.

Puis après cela visitez, si vous le voulez, la chambre des pierreries, le musée étrusque, le cabinet des médailles; mais je doute que vous y preniez grand plaisir.

CHAPITRE III.

LA LUXURE DE SANG.

Comme nous descendions la galerie des Offices, nous fûmes arrêtés par une affluence de peuple qui, se précipitant dans la salle des débats criminels, située au premier étage du monument, refluait jusque sur l'escalier et obstruait le passage de cette foule qui se poussait, se pressait, se heurtait, afin de trouver place dans l'enceinte publique. Il y eut une grande rumeur, chose étrange chez ce tranquille et silencieux peuple florentin ; et cette grande rumeur se composait d'un seul nom répété par trois mille bouches : Antonio Ciolli ! Antonio Ciolli ! Antonio Ciolli !

J'essayai de faire quelques questions, mais ceux à qui je m'adressais étaient trop préoccupés de trouver place dans la salle pour prendre le temps de me répondre; d'un autre côté, comme je ne voulais pas me faire écraser au milieu de cette effroyable presse, j'allais me retirer sans savoir de quoi il s'agissait, lorsque j'aperçus un des premiers avocats de Florence, un des hommes les plus instruits et les plus spirituels de l'Italie, M. Vicenzo Salvagnoli. Je lui fis un signe de détresse qu'il comprit, et auquel il répondit par un autre signe, qui voulait dire : Venez à moi. Je m'empressai de suivre son conseil, et nous parvînmes à nous joindre dans un angle du palier.

— Qu'est-ce donc, lui demandai-je, et que se passe-t-il? est-ce qu'il y a émeute à Florence?

— Comment! vous ne savez pas? me dit-il.

— Quoi?

— Quelle affaire on va juger?

— Non.

— N'entendez-vous pas un nom que tout le monde répète ?

— Oui, celui d'Antonio Ciolli ; eh bien ! après ? quel est cet homme ?

— Cet homme, c'est le chef de la société du Sang, c'est le capitaine des assassins de Livourne, qu'on a arrêté *flagrante delicto* avec quatre de ses complices.

— Vraiment ! est-ce que je puis voir juger cet homme ?

— Venez avec moi, j'ai mes priviléges comme avocat, je vous ferai entrer par une porte latérale, et je vous placerai aux postes réservés.

— Mille fois merci.

En effet, ce que M. Salvagnoli venait de me dire avait grandement excité ma curiosité ; il y avait plus d'un an déjà qu'on racontait d'effroyables assassinats commis dans les rues de Livourne, de ces assassinats sans aucune cause dont on cherche en vain les motifs et dont les auteurs restent inconnus. Seulement des hommes au visage noirci avec de la suie ou à la figure couverte d'un masque, passaient tout à coup près de quelque citoyen inoffensif, près de quelque femme attardée, près de quelque enfant joueur ; l'enfant, la femme ou l'homme jetaient un cri, chancelaient une seconde, puis tombaient dans leur sang : pendant ce temps l'assassin, qui ne s'arrêtait ni pour voler, ni pour dépouiller sa victime, tournait l'angle d'une rue et disparaissait.

On avait assassiné des gens à qui personne ne connaissait d'ennemis. Ce n'était donc pas des haines qui s'assouvissaient.

On avait assassiné de pauvres vieilles femmes qui n'avaient plus que quelques jours à passer sur la terre, et dont on ne faisait que hâter la mort de quelques jours. Ce n'était donc point pour des causes de jalousie.

Enfin on avait assassiné de pauvres enfants qui mendiaient. Ce n'était donc pas par des motifs de cupidité.

Et cela se renouvelait tous les jours : pas

une soirée ne s'écoulait que le pavé de Livourne ne fût en quelque endroit taché de sang, pas une nuit ne voyait sa fin sans que l'aigre cloche de la Miséricorde en tintant deux ou trois coups n'annonçât qu'il y avait un mourant à secourir ou un cadavre à relever.

Alors on ne savait que penser et l'on s'égarait en mille incertitudes.

On disait que c'étaient les portefaix de Gênes qui voulaient perdre le commerce du port de Livourne.

On disait qu'un des garde-chiourmes du bagne avait été gagné et laissait sortir les forçats la nuit.

On disait enfin qu'une société secrète s'était organisée, présidée par un chef auquel elle avait fait serment d'obéir; qui se composait de cinq ou six membres, et dont le premier statut voulait que chaque jour il y eût du sang répandu.

Cette dernière conjecture était la plus invraisemblable : c'était la seule vraie.

Un cordonnier était le chef de cette société : il se nommait Antonio Ciolli, il logeait *via dell'Olio*; il avait organisé cette étrange association.

Les blessures étaient rétribuées selon leur gravité; c'était Ciolli, qui avait quelque fortune, et dont le commerce était assez étendu et par conséquent assez lucratif, qui avait établi ce tarif : il donnait cinq pauls pour une blessure légère, dix pauls pour un doigt coupé, quinze pauls pour une blessure grave, un sequin pour la mort.

Et cependant il n'exigeait pas que l'on tuât : voir couler le sang lui suffisait.

Cette horrible récréation dura dix-huit mois, disaient les bruits populaires.

Enfin, un soir, c'était le 18 février 1840, un homicide fut commis, deux blessures furent portées; mais ce soir-là l'autorité, qui veillait, arrêta un des assassins; c'était un garçon cordonnier nommé Angiolo Ghettini; celui qui l'arrêta était une espèce de sergent de ville, ou chasseur de la police, comme on appelle à Livourne. Cet officier de la force publique, Angiolo Ghettini lui porta à la lèvre supérieure un coup de poignard. Ce poignard était de forme triangulaire, et l'on reconnut que deux des blessures faites dans la soirée avaient été faites avec ce poignard; mais comme la blessure du chasseur Lorenzo Nobili était légère, il saisit Ghettini à bras le corps et le renversa: Ghettini fut arrêté, et cette arrestation amena celle du reste de la bande. Elle se composait de cinq affidés: le chef, Antonio Ciolfi; puis venaient les complices Odoardo Mellini, Luigi Bianchini, dit Naso, et Antonio Centini, dit le Capucin.

C'était pour voir juger ces cinq hommes accusés *di lascivia di sangue*, c'est-à-dire de *luxure de sang*, que se pressait la population.

Lascivia sangue, le mot est digne de Dante, n'est-ce pas?

Je suivis mon guide et j'entrai dans la salle. Comme il me l'avait promis, M. Salvagnoli me fit placer à un poste réservé d'où j'étais à merveille pour tout voir et pour tout entendre ; et comme les accusés n'étaient pas encore introduits, j'eus le temps de jeter un coup d'œil autour de moi ; c'était la première fois que j'entrais dans la salle de la procédure criminelle.

C'était une salle neuve et que l'on venait d'achever ; elle ne me fit point l'effet d'avoir été destinée aux scènes qui devaient s'y dérouler ; le stuc blanc dont elle est revêtue partout, le soleil brillant qui l'inonde par ses larges fenêtres, les ornements verts qui la décorent, lui donnent un air de gaieté qui contraste étrangement avec sa terrible destination. Je me rappelai ces corridors sombres de notre vieux Palais-de-Justice, ces chambres profondes et sévères où se réunissent nos jurés ; enfin ce Christ surmontant la tête du président, symbole à la fois de justice humaine et de miséricorde divine ; et je reconnus jusque dans la salle où ils jugent leurs criminels le genre si opposé des peuples du Nord et des peuples du Midi.

Au bout d'un instant les juges criminels, précédés par le greffier et suivis de l'accusateur public, parurent et prirent leurs places. Quelques minutes après une porte latérale s'ouvrit, les accusés entrèrent successivement et allèrent s'asseoir, accompagnés des gendarmes, aux bancs qui leur étaient réservés, à la gauche du président, en face de l'avocat-général ; leurs défenseurs s'assirent devant eux.

Les cinq accusés étaient cinq jeunes gens ; aucun n'avait sur le visage cet aspect de brutalité repoussante que nous cherchons chez le meurtrier, et surtout chez le meurtrier d'instinct ; ils étaient, au contraire, assez beaux garçons, et l'un d'entre eux surtout avait la physionomie remarquablement intelligente.

Leur entrée fit une sensation profonde. J'ai déjà dit les étranges choses qu'on racontait à leur égard. Un murmure violent courut donc dans l'assemblée ; trois d'entre eux se retournèrent et regardèrent en riant comme s'ils cherchaient à deviner la cause de ces murmures.

Le président imposa silence; puis, un instant accordé à la curiosité, l'accusateur public se leva et lut l'accusation suivante, que je traduis à peu près littéralement :

« Un assassinat exécuté, deux blessures faites et une simple insulte commise à Livourne dans la soirée du 18 février 1840 et suivis de résistance à la force armée, résistance dont le cordonnier Angiolo Ghettini se rendit coupable, devaient nécessairement exciter un grand mouvement de douleur et d'inquiétude parmi les bons et industrieux habitants de cette populeuse cité.

» Comment, en effet, réprimer l'effroi qui suit la vue du meurtre ? comment étouffer la pitié qu'inspirent les victimes ? comment demeurer impassible quand la sécurité de toute une population est compromise ?

» Il fut donc bien naturel, ce sentiment de

trouble et de crainte qui s'empara de toute la ville de Livourne quand, au son de la cloche qui appelait les pieux confrères de la Miséricorde au secours des moribonds et des blessés, se répandirent les terribles détails de la sanglante histoire accomplie dans cette fatale soirée.

» Voici les faits relatifs à cette soirée, *la Cour n'étant appelée à délibérer que sur ces faits.*

» Le 18, Antonio Ciolli, après avoir bu comme d'habitude à son dîner, se rendit au jardin Bicchi, espèce de guinguette dans laquelle il retrouva ses compagnons habituels; là ils s'assirent à une table et continuèrent de boire; Ciolli à lui seul but à peu près trois fiasques, c'est-à-dire un peu plus de six bouteilles de vin.

» Alors les accusés feignirent d'improviser une mascarade : on prit une poêle, et avec du noir de fumée chacun se teignit la figure; alors les accusés demandèrent où il y avait bal pour aller y finir leur soirée, et sortirent du jardin Bicchi.

» Du jardin Bicchi les accusés se rendirent au cabaret de Porta-alla-Mare, où ils burent encore quelques verres de vin.

» Enfin ils entrèrent au café del Cappanara, où ils demandèrent un bol de punch.

» Pendant toute cette première course ils étaient accompagnés de quatre autres de leurs camarades qu'ils avaient rencontrés chez Bicchi, et qui, ne soupçonnant pas comment se terminerait la soirée, les suivirent la figure noircie et criant et vociférant comme eux.

» Mais arrivés là, Bastiani, Vincenti et les deux Bicchi, qui étaient les quatre étrangers joints à la bande, trouvèrent que c'était assez faire les fous comme cela, et se séparèrent de Ciolli, de Ghettini, de Bianchini, de Centini et de Mellini. Cette séparation eut lieu dix minutes à peu près avant que le premier assassinat ne fût commis sur la personne de Lemmi.

» Maintenant il résulte de l'instruction :

» Que le 18 janvier, vers les neuf heures et

demie du soir, Jean Lemmi, âgé de soixante ans, étant à quelques pas de sa porte, sous l'arcade qui conduit au jardin Montrielli, dans le bourg des Capucins, se vit assailli par une bande de furieux, et se sentit aussitôt et successivement frappé de cinq blessures : la première, dans le bas-ventre, et celle-là produite par un fer quadrangulaire et traversant les intestins grêles, fut reconnue comme mortelle ; la seconde, dans la partie supérieure du bras droit, faite par un simple couteau; la troisième, dans la partie extérieure du même bras, pénétrant jusqu'au périoste et avec lésion des muscles, laquelle troisième blessure fut reconnue causée, comme la seconde, par un simple couteau ; la quatrième, qui fracturait la septième côte et pénétrait dans le poumon, produite, comme la première, avec un fer quadrangulaire, et comme la première réputée mortelle; enfin la cinquième, qui pénétrait dans la partie supérieure du bras gauche avec rupture du muscle deltoïde, causée par un simple couteau et considérée comme grave.

» Desquelles blessures le susdit Lemmi mourut dans l'hôpital de Livourne le surlendemain, 20 janvier 1840, à cinq heures de l'après-midi.

» Cet assassinat commis, les meurtriers abandonnèrent la victime, et, continuant leur route par le bourg des Capucins, arrivèrent à la Pyramide, où deux d'entre eux se séparèrent des trois autres et se portèrent impétueusement à la rencontre du nommé Jean Vannucchi, lequel causait avec un de ses amis ; mais à la vue d'un troisième individu qui venait se joindre aux deux premiers interlocuteurs, les assassins, pensant qu'ils auraient affaire à trop forte partie, puisqu'ils n'étaient que deux contre trois, retournèrent en arrière et rejoignirent leurs compagnons. Jean Vannucchi a déclaré qu'en voyant s'approcher de lui deux individus la figure teinte de noir et avec des intentions aussi visiblement hostiles, il fit un vœu intérieur à Notre-Dame-de-Montenero, vœu dont il s'empressa de s'acquitter le lendemain envers la sainte image.

» Les meurtriers abandonnèrent alors le bourg des Capucins et prirent le cours Royal, dans la direction de la villa Attias. Au bout de deux cent cinquante pas à peu près, un d'eux se détacha des quatre autres, et s'introduisant dans la cour de Joseph Prataci, surnommé le Facteur, et l'ayant trouvé près de la porte, il lui porta une blessure dans la région lombaire droite; blessure produite par un fer quadrangulaire, qui fut reconnue grave, et qui effectivement entraîna une incapacité de travail de quarante jours, et le mit pendant près de quinze jours en péril de mort.

» Arrivés à la villa Attias, en face de la rue Léopold, à l'endroit même où lors des fêtes publiques on élève la tribune du souverain, ces cinq furieux aperçurent Gaëtano Carrera et se précipitèrent sur lui; mais Gaëtano Carrera était un homme vigoureux, qui se débarrassa du premier qui l'attaqua par un coup de poing qui le renversa à terre, et qui échappa aux autres par la fuite.

» Quelques instants après, et à peu de distance de cette tentative manquée, les mêmes individus rencontrèrent le septuagénaire Mazzini, qu'ils entourèrent aussitôt, et auquel l'un d'eux porta de face dans la région inguinale droite un violent coup de stylet, lequel lui occasionna une blessure quadrangulaire, heureusement peu grave, attendu que le fer rencontra un bandage que portait ledit Mazzini, à cause d'une hernie dont il est affligé. Cependant le coup fut assez violent pour que Mazzini tombât à la renverse en criant au secours; il en résulta que, soit que les assassins eussent peur que quelque patrouille n'accourût à ses cris, soit qu'ils le crussent plus grièvement blessé qu'il n'était effectivement, ils ne redoublèrent pas leurs coups et prirent la fuite.

» Mais, comme nous l'avons dit, Mazzini n'était que légèrement blessé; il se releva et se mit à suivre les assassins en criant : Au meurtre! Arrivé à la rue Léopold, il rencontra une patrouille de chasseurs de la police et leur désigna les fuyards; ceux-ci se mirent aussitôt à leur poursuite et en atteignirent deux : l'un qui parvint à s'échapper de leurs mains; l'autre qui essaya de faire résistance en portant au chasseur Nobili un coup de stylet dans la figure. Ce coup lui coupa la lèvre supérieure; mais le chasseur Nobili ne lâcha point le meurtrier, et, l'ayant terrassé, le força de se rendre. En tombant l'assassin avait jeté loin de lui son stylet, mais on le retrouva ; c'était un fer quadrangulaire, le même, selon toute probabilité, avec lequel avaient été portées les deux blessures de Lemmi et la blessure de Mazzini.

» Le prisonnier était Angiolo Ghettini, lequel par conséquent, outre l'accusation d'homicide volontaire, se présente encore devant la Cour sous la prévention de résistance à main armée à la force publique. »

Voilà la série de crimes dont étaient pour une seule soirée accusés les nommés Ciolli, Ghettini, Mellini, Centini et Bianchini, sans compter ceux dont la vindicte publique les chargeait depuis dix-huit mois.

Je ne pus suivre ce procès, entraîné que je fus par des courses aux environs de Florence; ce que je sus seulement, c'est que les accusés avaient commencé par tout nier ; mais qu'enfin l'un deux, Centini, dans l'espoir sans doute qu'on lui ferait grâce, s'était détaché de la dénégation générale et avait tout dit.

Les débats ne portèrent, comme l'accusateur public en avait prévenu la Cour, que sur les faits advenus dans cette soirée. Ces faits furent tous prouvés, et, la peine de mort étant abolie en Toscane, les cinq accusés furent condamnés aux galères à perpétuité.

Mais comme à partir de ce moment les meurtres quotidiens s'arrêtèrent à Livourne, le peuple ne fit aucun doute que, comme il l'avait pensé, avec cet admirable instinct qui a fait comparer son jugement à celui de Dieu, les véritables coupables ne fussent tombés entre les mains de la justice, et que cette *lascivia di sangue* dont ils avaient donné de si cruelles preuves dans la soirée du 18 janvier, ne s'était pas bornée à ces quatre assassinats.

Alors le peuple, après l'instruction judiciaire, fit son instruction à lui, et il découvrit des choses étonnantes. Nous citerons deux faits seulement, lesquels ont à Livourne force de chose jugée.

Ciolli était marié et paraissait fort aimer sa femme. Cependant comme cette soif de sang dont il était atteint était le premier de ses amours, un soir que les conjurés, soit par crainte, soit par lassitude, n'avaient pas versé le sang quotidien, il fut convenu que, pour ne pas déroger au serment, on ferait une légère blessure à la femme de Ciolli : celui au tour duquel c'était de frapper, car ces hommes avaient chacun leur jour, alla s'embusquer au coin de la rue, et Ciolli ordonna à sa femme d'aller lui chercher chez l'apothicaire une once d'huile de ricin, dont il avait besoin, disait-il, pour se purger le lendemain. La femme sortit sans défiance : un instant après on la rapporta évanouie et baignée dans son sang ; la blessure, qui offensait le gros de la cuisse, n'était cependant pas autrement dangereuse. Mais la pauvre femme avait eu si peur qu'elle s'était crue morte. Derrière elle entra celui qui lui avait frappé le coup, et qui aida Ciolli et ses autres compagnons à porter les secours nécessaires à la blessée. A minuit, ces cinq hommes se séparèrent satisfaits; grâce à l'expédient trouvé par Ciolli, ils n'avaient pas perdu leur journée.

Peut-être aussi cet accident eut-il une autre cause, et Ciolli, en faisant frapper sa propre femme, voulut-il détourner les soupçons de lui.

La troupe se recrutait successivement : elle s'était d'abord composée de deux associés, puis de trois, puis de quatre, puis de cinq. Le jour où le cinquième associé avait été reçu, il avait été décidé que le soir même il donnerait un gage à ses compagnons en frappant la première personne qu'il rencontrerait en sortant. La nuit était sombre, l'assassin n'était pas encore fort aguerri dans le métier; il sortit, et, voyant venir un homme à lui, il le frappa en détournant la tête et sans savoir qui il frappait. Le coup n'en fut pas moins mortel, l'homme expira le lendemain.

C'était son père.

Voilà, non pas ce qui résulta de la procédure, je le répète, car la procédure, comme on l'a vu, sans doute dans la crainte de soulever trop d'horreurs, ne porta que sur les faits accomplis pendant la soirée du 18 janvier 1840; mais ce qui se raconte par les rues de Livourne : aussi l'exaspération contre les accusés était telle que, lorsqu'on les amena pour subir l'exposition sur le théâtre même des crimes qu'ils avaient commis, on fut obligé de leur donner une garde quatre fois plus forte que d'habitude : le peuple voulait les mettre en morceaux.

De plus, l'exposition accomplie, on n'osa point laisser ces hommes à Livourne; et on les envoya au bagne de Porto-Ferrajo, où ils sont à cette heure et où je les ai revus vêtus de la casaque jaune des condamnés à vie, et portant sur le dos cette terrible étiquette :

Lascivia di sangue.

En France un procureur-général n'aurait pas manqué de faire honneur à la littérature moderne de la perte de ces honnêtes citoyens, qui fussent sans aucun doute restés l'ornement et l'exemple de la société s'ils n'avaient pas lu les romans de M. Victor Hugo et vu représenter les drames de M. Alexandre Dumas.

Je raconterais bien encore l'histoire d'un sbire qui a tué sa femme, et qui, pour faire disparaître le cadavre, l'a salé et fait manger à ses enfants. Je ne veux pas réhabiliter Lacenaire.

CHAPITRE IV.

HIPPOLYTE ET DIANORA.

Si vous passez, à Florence, devant une petite église, appelée l'église de Sainte-Marie-sur-l'Arno, et située *via dei Bardi*, vous remarquerez sans doute un écusson placé entre deux livres, et représentant les armes du peuple florentin accompagnées de cette devise énigmatique : *Fuccio mi feci*. Si vous demandez alors qui a fait bâtir cette église et ce que signifie cet exergue, on vous répondra que cette église fut bâtie par Hippolyte de Buondelmonte, et l'on vous racontera la légende suivante en explication de la devise.

Vers 1225, c'est-à-dire à l'époque où les premières haines guelfes et gibelines régnaient dans toute leur force, il existait à Florence deux familles qui s'étaient juré une haine mortelle : c'étaient les Buondelmonti et les Bardi.

Mais, vous le savez, au milieu de toutes ces haines de famille qui divisent les pères, il arrive toujours que quelque amour secret se glisse entre les enfants, pareil à la colombe de l'arche apportant le rameau d'olivier. Pyrame et Thisbé étaient voisins et se connaissaient dès l'enfance. Roméo et Juliette se rencontrèrent dans un bal, et jurèrent le même jour de s'aimer toute la vie, — d'être l'un à l'autre, ou de mourir ensemble. — Pyrame et Thisbé, Roméo et Juliette tinrent la parole donnée : ils s'aimèrent toute leur vie, moururent l'un avec l'autre et, qui plus est encore, l'un pour l'autre.

Hippolyte et Dianora se rencontrèrent un matin au baptistère de Saint-Jean. — Le jeune homme, depuis la via Rondinelli, suivait cette jeune fille à la démarche pleine d'élégance aristocratique; elle entra au baptistère, il y entra derrière elle; elle leva son voile pour prendre de l'eau bénite, Hippolyte la vit, elle vit Hippolyte, et tout fut dit. Les jeunes gens lurent dans leurs yeux le sentiment qu'ils éprouvaient : ils ne purent qu'échanger deux mots, leurs deux noms. Le jour où ils s'étaient rencontrés était le 13 janvier, qu'on appelle à Florence le jour du pardon.

A partir de ce moment Hippolyte ne songea plus qu'à revoir celle qu'il aimait : sans cesse il passait et repassait sous ses fenêtres ; partout où elle allait, le jeune homme se trouvait aussi ; rien ne lui coûtait en patience, soit qu'il dût la précéder ou l'attendre des heures entières — pour l'apercevoir une seconde ; et tout cela sans autre récompense souvent qu'un signe, un coup d'œil, une parole ; car Dianora appartenait à une famille de mœurs sévères, et elle était rigoureusement gardée.

Un jour la duègne de Dianora s'aperçut de ce qui se passait entre les deux amants : elle en prévint le père de la jeune fille, et Dianora reçut l'ordre de ne plus quitter la maison. Alors, après les espérances, après les réves dorés, vinrent les véritables douleurs de l'amour. Pendant quelque temps encore cependant Hippolyte ignora son malheur; il crut qu'une absence momentanée, qu'une indisposition subite l'éloignait de Dianora. Il continua de passer sous ses fenêtres, d'aller où il espérait la rencontrer; mais ce fut inutile, il ne put pas même l'entrevoir.

Les jours et les nuits se passèrent : les jours, à courir les églises; les nuits, à attendre, caché derrière un mur, l'instant où s'ouvrirait une des fenêtres de cet inexorable palais Bardi. Enfin une nuit, une main passa à travers les planchettes de la jalousie, et un billet tomba aux pieds d'Hippolyte. Il courut à une lampe qui brûlait devant une madone; et, ne doutant point que ce billet ne vînt de Dianora, il le baisa et rebaisa vingt fois; son cœur battait tellement, ses yeux étaient tellement obscurcis par le vertige qu'il eut peine d'abord à déchiffrer ce qu'il contenait. Enfin il lut ce qui suit :

« Mon père sait que nous nous aimons; il

m'a défendu de vous revoir. Adieu pour toujours. »

Hippolyte crut qu'il allait mourir ; il revint au palais Bardi, et demeura jusqu'au jour sous les fenêtres de Dianora, espérant que la jalousie allait se rouvrir ; la jalousie resta fermée. Le jour vint ; force fut à Hippolyte de rentrer chez lui.

Cinq ou six autres nuits se passèrent dans la même attente, suivies de la même déception. Hippolyte devenait de plus en plus sombre ; il répondait à peine aux questions qu'on lui adressait, et repoussait sa mère elle-même. Enfin il ne put supporter cette longue souffrance ; les forces lui manquèrent, et il tomba malade.

On appela les meilleurs médecins de Florence, personne ne put deviner la cause des souffrances d'Hippolyte. A toutes les questions qui lui étaient faites, il répondait en secouant la tête et en souriant tristement. Les médecins reconnurent seulement qu'il était en proie à une fièvre ardente, et que si l'on ne parvenait à en arrêter les progrès, en quelques jours elle l'aurait dévoré.

La mère d'Hippolyte ne le quittait pas; l'œil sans cesse fixé sur lui, la bouche entr'ouverte par une éternelle interrogation, elle suppliait son fils de lui révéler la cause de son mal. Car avec cette subtilité d'instinct que possèdent les femmes, elle sentait bien que cette maladie n'était point une simple affection physique, et qu'il y avait quelque grande douleur morale au fond de tout cela. Hippolyte se taisait; mais la fièvre se changea bientôt en délire, et le délire parla. La mère d'Hippolyte apprit tout; elle sut que son fils aimait Dianora de cet amour qui donne la mort quand il ne donne pas le bonheur. Elle quitta tout éperdue le chevet du malade. La pauvre femme savait qu'il n'y avait rien à attendre du père de Dianora : elle connaissait cette haine profonde qui divisait les deux familles; elle savait cet implacable entêtement des partis politiques. Elle ne songea pas même à s'adresser à son mari; elle courut chez une amie commune aux deux maisons. Cette amie, qui se nommait Contessa dei Bardi, demeurait dans une maison de campagne à un demi-mille de Florence, appelée la villa Monticelli.

Contessa comprit tout; les femmes, souvent si implacables dans leurs propres haines, ont toujours un coin du cœur ouvert pour plaindre l'amour, quand elles en suivent les tourments chez les autres. Elle promit à la pauvre mère désolée qu'Hippolyte et Dianora se reverraient.

La mère d'Hippolyte revint au palais Buondelmonte. Son fils était toujours étendu sur son lit de douleur, les yeux fermés par l'abattement, la bouche ouverte par le délire. Le médecin était incliné sur son chevet, et secouait la tête comme un homme qui n'a plus d'espoir. La mère sourit. Puis, lorsque le médecin fut sorti, elle reprit sa place, s'inclina à son tour sur le lit de son enfant, puis baisant son front couvert d'une sueur glacée :

— Hippolyte, dit-elle à demi-voix, tu reverras Dianora.

Le jeune homme ouvrit des yeux hagards et fiévreux; il regarda sa mère avec cet air inquiet du condamné auquel on annonce sa grâce au moment où il met le pied sur la première marche de l'échafaud; puis jetant ses bras autour du cou de la pauvre femme :

— O ma mère, ma mère! s'écria-t-il, prenez garde à ce que vous me dites!

— Je te dis la vérité, mon enfant; tu aimes Dianora, n'est-ce point?

— Oh! si je l'aime, ma mère, si je l'aime!

— Tu t'es cru à jamais séparé d'elle?

— Hélas! je le suis.

— Et c'est pour cela que tu veux mourir?

Hippolyte étouffa un sanglot en serrant sa mère contre son cœur.

— Eh bien! tu ne mourras pas, dit la mère; tu reverras Dianora, et, si elle t'aime, vous pouvez encore être heureux.

Hippolyte n'eut pas la force de répondre; il fondit en larmes. Son cœur, si long-temps oppressé par la douleur, semblait se briser au contact de la joie ; puis il se fit tout dire, tout répéter, tout redire encore, ne se lassant jamais d'entendre ces douces paroles, et buvant l'espérance que lui versait sa mère, comme la fleur flétrie boit la brise du soir, comme la terre desséchée boit la rosée du matin.

Enfin il se souleva sur son coude, regarda sa mère, et, comme s'il ne pouvait croire à tant de bonheur :

— Et quand la reverrai-je ? demanda-t-il.

— Quand tu seras assez fort pour aller jusqu'à la villa Monticelli, répondit sa mère.

— Oh ! ma mère, s'écria Hippolyte, à l'instant même.

Et il essaya de se lever, mais c'était pour lui un trop grand effort ; il retomba épuisé sur son lit. La pauvre mère se laissa glisser à genoux, et pria tant qu'il prit patience et parut se calmer.

Le lendemain, le médecin qui venait avec

la crainte de voir Hippolyte mourant, le trouva sans fièvre. Le digne homme n'y comprenait plus rien ; il dit que Dieu avait fait un miracle, et que c'était Dieu seul qu'il fallait remercier. La mère d'Hippolyte remercia Dieu, car c'était un cœur religieux, qui rapportait toute chose au Seigneur ; mais elle savait bien d'où venait le miracle, et comment il s'était accompli.

Les forces d'Hippolyte revinrent bien lentement au gré de son impatience ; cependant le lendemain il se leva, et trois jours après il était assez fort pour sortir.

Dans le même temps, on annonça par la ville une grande fête à la villa Monticelli ; tous les Bardi qui étaient de la même famille que la maîtresse de la maison y avaient été invités ; mais, comme on le pense bien, de peur de quelque éclat fâcheux, aucune famille guelfe ne devait se trouver à cette soirée, et surtout aucun Buondelmonte, puisque les Buondelmonti étaient chefs de la faction guelfe.

Dianora dei Bardi avait d'abord refusé de se rendre à cette réunion, car elle aussi était faible et souffrante. Mais sa cousine Contessa avait insisté, elle avait promis à Dianora qu'elle lui gardait pour cette fête une surprise qui la remplirait de joie, et Dianora, tout en secouant la tête en signe de doute, avait accepté. Puis Dianora s'était parée à tout hasard; car si le cœur de la femme peut être triste, il faut toujours que son front soit beau. Elle vint donc à la villa Monticelli. La fête était brillante. Toutes les grandes maisons gibelines étaient réunies à la villa Monticelli. Dianora chercha long-temps du regard la surprise annoncée. Enfin, ne la découvrant pas, elle demanda à sa cousine quelle était donc cette surprise qui devait lui causer tant de joie.

Contessa lui fit signe de la suivre, la guida par un long corridor, et la fit entrer dans une chambre attenante à la chapelle. Ensuite, lui ayant dit d'attendre là un instant, elle referma la porte sur elle, et s'éloigna. Il y avait dans cette chambre deux portes : l'une qui donnait dans un petit cabinet, l'autre qui donnait dans la chapelle. Au bout d'un instant, Dianora entendit un léger bruit; elle tourna la tête du côté d'où ce bruit venait; la porte du cabinet s'ouvrit, et Hippolyte parut.

Le premier sentiment de Dianora fut l'effroi; elle jeta un cri et voulut fuir. Mais la porte était fermée à clef; se retournant alors, elle vit Hippolyte à genoux, si pâle et si suppliant, que malgré elle, elle lui tendit la main. Hippolyte se précipita sur cette main bien-aimée, la pressa sur son cœur, la baisa et la rebaisa cent fois. Puis les jeunes gens murmurèrent de ces vagues paroles d'amour sans suite et sans raison, mais qui disent tant de choses; enfin ils tombèrent dans les bras l'un de l'autre. A ce moment, la porte de la chapelle s'ouvrit : c'était le chapelain qui entrait par hasard dans cette chambre pour y enfermer les clefs du tabernacle. Les deux jeunes gens, qui ne s'attendaient pas à cette apparition, virent dans le prêtre un envoyé du ciel, et tombèrent tous deux à ses genoux.

La chapelle était là; le chapelain les avait surpris dans les bra l'un de l'autre; l'homme de Dieu connaissait les haines qui séparaient les deux familles; il crut que c'était une porte de réconciliation que la Providence ouvrait aux pères par la main des enfants; et lorsqu'ils le prièrent de les unir, il n'eut pas la force de refuser. Seulement les deux jeunes gens promirent de ne révéler son nom qu'à la dernière extrémité : les haines entre les Buondelmonti et les Bardi étaient si ardentes encore, que le pauvre chapelain pouvait payer sa complaisance de quelque coup de poignard. Tout le monde devait donc ignorer ce mariage, même la mère d'Hippolyte, même la cousine de Dianora. Ce serment fut fait sur l'Évangile. Puis, les deux jeunes gens unis, le prêtre disparut.

Alors les deux nouveaux époux arrêtèrent entre eux qu'ils se verraient chaque nuit. La maison qu'occupait Dianora était située dans une des rues les plus écartées et les plus désertes de Florence; sa chambre donnait sur cette rue : elle laisserait pendre un fil de soie à sa fenêtre; Hippolyte y attacherait une échelle de corde; Dianora fixerait cette échelle à la croisée, et, par ce moyen, le mari parviendrait jusqu'à sa femme.

Ces mesures venaient d'être arrêtées, quand Contessa revint : Hippolyte avait entendu des pas qui s'approchaient, il était rentré dans son cabinet. Contessa trouva donc Dianora seule; mais elle n'eut pas besoin de l'interroger pour savoir si elle avait revu Hippolyte. Dianora se jeta toute rougissante dans ses bras, en murmurant à son oreille : — Merci, merci. Puis elle rentra dans le bal, frissonnante de crainte et rayonnante de bonheur tout à la fois.

La nuit du lendemain était la nuit des noces; il y avait pour Hippolyte un bonheur profond dans ce mystérieux mariage. C'était bien lui qu'on aimait, puisque pour lui Dianora s'exposait à toutes les suites d'une pareille action : la jeune fille avait tout sacrifié à Hippolyte, et Hippolyte sentait qu'il était de son côté tout prêt à lui sacrifier sa vie. Le jeune Buondelmonte attendait avec impatience cette nuit où, pendant que tout le monde ignorait son bonheur, il serait heureux de la béatitude des anges. Dès le matin, il acheta une échelle de corde; toute la journée, il regarda et baisa cette échelle, qui, le soir, devait le conduire au paradis. Puis, le soir venu, il attendit avec une suprême impatience que onze heures sonnassent : c'était l'heure convenue ; à onze heures et quelques minutes Dianora devait ouvrir sa fenêtre.

Hippolyte traversa le Ponte-Vecchio, et s'engagea dans la via dei Bardi. La rue était sombre et déserte : pas une âme vivante ne troublait la solitude de la rue, et le bruit seul des pas d'Hippolyte qui effleurait la terre s'élevait presque insensible dans le silence de la nuit. Le jeune homme arriva sous la fenêtre ; quoiqu'il eût devancé l'heure, Dianora l'attendait depuis long-temps ; le fil de soie descendit aussitôt tout tremblant, et trahissant ainsi l'agitation de celle qui le tenait. Hippolyte y attacha son échelle ; Dianora fixa l'échelle à la fenêtre. Mais à peine Hippolyte avait-il mis le pied sur le premier échelon, qu'une patrouille du Bargello parut ; voyant un homme qui s'apprêtait à escalader une croisée, elle cria :
— Qui vive !

Hippolyte sauta à terre, arracha vivement l'échelle de corde du clou auquel il l'avait attachée, et s'enfuit vers le Ponte-Vecchio. Malheureusement, à moitié chemin il rencontra une autre patrouille qui le força de se rejeter en arrière : il se cacha alors sous une arcade qui faisait partie du palais Bardi ; mais, pris entre les deux patrouilles qui s'avancèrent simultanément vers l'endroit où il avait disparu, il y fut découvert et arrêté.

Florence n'était point alors cette Florence du seizième siècle, que durant cent années les Médicis avaient pétrie sous la corruption et la tyrannie : c'était la Florence antique, pure et sévère, comme Rome au temps des Lucrèce et des Cornélie. Hippolyte, au lieu d'être relâché, comme il l'eût été du temps de Laurent de Médicis ou du duc Alexandre, fut conduit chez le podestat. Là il fut sommé de déclarer ce qu'il faisait par la ville à cette heure avancée de la nuit, et dans quel but il était muni de cette échelle de corde avec laquelle on l'avait vu cherchant à escalader une fenêtre du palais Bardi. Hippolyte répondit qu'il existait dans le palais Bardi un morceau de la vraie croix donné aux ancêtres du chef de la maison actuelle par l'empereur Charlemagne. Comme il attribuait à ce saint talisman la supériorité qu'avaient eue les Bardi sur les Buondelmonti dans plusieurs rencontres, il avait voulu, assura-t-il, s'emparer de ce palladium.

— C'est donc pour voler que vous vouliez pénétrer dans le palais? demanda le podestat.

— Oui, répondit Hippolyte, inclinant la tête en signe de double aveu.

— Mais c'est impossible, s'écria le podestat.

— C'est ainsi, dit Hippolyte.

— Mais vous comprenez à quoi vous vous exposez par cet aveu?

— Oui, répondit Hippolyte en souriant tristement; oui, je le sais; à Florence le vol est puni de mort.

— Et vous persistez?

— Je persiste.

— Emmenez le prévenu, dit le podestat. Et les gardes qui avaient arrêté Hippolyte conduisirent le jeune homme en prison.

Le procès d'Hippolyte s'instruisit bientôt, au grand étonnement de toute la ville : on ne pouvait croire que du jour au lendemain ce bon et noble jeune homme, dont chacun connaissait le cœur loyal, se fût laissé entraîner à une action déshonorante; mais il fallut bien que les plus incrédules abjurassent leur incrédulité, lorsque, les débats ayant été ouverts, Hippolyte de Buondelmonte répéta en face de tous ce qu'il avait déjà dit au podestat, c'est-à-dire qu'il avait voulu s'introduire dans le palais des Bardi pour s'emparer de ce précieux morceau de la vraie croix. Il n'y avait pas longtemps que pareille chose était arrivée à Rome; une femme, par un sentiment de foi mal dirigé, avait volé le miraculeux Bambino de l'église d'Ara-Cœli. Le désir d'assurer la victoire à sa famille pouvait servir de motif plausible à la tentative d'Hippolyte, surtout dans ces temps de haine exaltée et de croyances profondes. Aussi commença-t-on de croire à Florence qu'effectivement Hippolyte de Buondelmonte avait essayé de commettre ce vol. Comme d'ailleurs, au lieu de nier, il affirmait, comme toutes les questions du juge amenaient sur ses lèvres la même réponse, il fallut bien que les juges portassent leur jugement. Hippolyte de Buondelmonte fut condamné à la peine de mort.

Quoique tout le monde connût le texte de la loi, la sensation fut profonde. On espérait que les juges acquitteraient l'accusé. Les juges hésitèrent en effet un instant; mais devant les affirmations du prévenu ils ne purent faire autrement que de condamner. En effet, s'ils absolvaient, comment porter la même peine à l'avenir, par exemple, contre un véritable voleur qui nierait?

On pensa qu'Hippolyte ferait quelque aveu au prêtre chargé de le préparer à la mort; mais il ne lui dit rien, sinon qu'il était un grand pécheur, et qu'il le suppliait de prier pour lui.

Sa mère avait demandé à le voir : cette pauvre femme au désespoir avait toujours assuré que son fils n'était pas coupable, et que, si elle le revoyait, elle saurait bien lui tirer son secret du cœur. Mais Hippolyte se défia de sa faiblesse filiale, et il fit répondre à sa mère qu'ils se reverraient au ciel.

Hippolyte ne demanda qu'une seule chose, c'était que, comme la mort des voleurs était infâme, la seigneurie permît qu'il eût la tête tranchée au lieu d'être pendu. La seigneurie accorda au condamné cette dernière faveur.

La veille du jour où il devait être exécuté, on lui apprit la fatale nouvelle à dix heures du soir. Il remercia le greffier qui était venu la lui annoncer ; et comme derrière le greffier était un autre homme plus grand que lui de toute la tête, et vêtu mi-partie de rouge, mi-partie de noir, il demanda quel était cet homme : on lui dit que c'était le bourreau. Alors il détacha une chaîne d'or de son cou et la lui donna, en le remerciant de ce que le tranchant de son épée allait lui sauver l'infamie. Puis il fit sa prière et s'endormit.

Le lendemain en se réveillant Hippolyte appela le geôlier et le pria d'aller chez le podestat pour implorer de lui une grâce : c'était que le cortége mortuaire passât devant la maison des Bardi. Le prétexte qu'alléguait Hippolyte était le désir qu'il avait de profiter des derniers instants qu'il avait à vivre pour pardonner à ses ennemis et recevoir leur pardon. Le motif véritable de sa demande, c'est qu'il voulait voir Dianora une fois encore avant de mourir. Les circonstances dans lesquelles Hippolyte présentait cette requête lui donnaient un caractère trop sérieux pour qu'elle fût refusée. Hippolyte obtint la permission de passer devant la maison des Bardi.

A sept heures du matin le cortége se mit en marche ; la foule se pressait dans les rues que le condamné devait traverser ; la place sur laquelle était dressé l'échafaud regorgeait de peuple depuis la veille au soir. Les autres quartiers de Florence ressemblaient à un désert.

Le cortége traversa le Ponte-Vecchio, qui faillit crouler dans l'Arno, tant il était surchargé de monde; puis il s'engagea dans la via dei Bardi. Des gardes marchaient en avant pour ouvrir le chemin; le bourreau venait ensuite, son épée nue sur l'épaule; puis Hippolyte, tout vêtu de noir, la tête nue et le col découvert, marchait, sans faiblesse comme sans orgueil, d'un pas lent mais ferme, et se retournant de temps en temps pour adresser la parole à son confesseur. Derrière Hippolyte s'avançaient les pénitents portant la bière dans laquelle après l'exécution son corps devait être déposé.

Tous les membres de la famille des Bardi s'étaient réunis devant le seuil de leur palais pour recevoir le pardon de Buondelmonte, et pour lui rendre à leur tour les paroles de paix qu'il en devait recevoir. Dianora, vêtue de noir comme une veuve, se tenait entre son père et sa mère. Quand le condamné s'approcha, tous les Bardi tombèrent à genoux. Dianora resta seule debout, immobile et pâle comme une statue.

Arrivé devant la maison, Buondelmonte

s'arrêta; et, d'une voix douce et calme, dit le *Pater*, depuis *Notre Père qui êtes aux cieux* jusqu'à *et pardonnez-nous nos offenses comme nous les pardonnons à ceux qui nous ont offensés.* Les Bardi répondirent : *Amen,* et se relevèrent. Buondelmonte alors s'agenouilla à son tour. Mais en ce moment Dianora quitta son père et sa mère, et alla s'agenouiller près de Buondelmonte.

— Que faites-vous, ma fille? s'écrièrent en même temps le père et la mère de Dianora.

— J'attends votre pardon, dit la jeune fille.

— Et qu'avons-nous à te pardonner? demandèrent les parents?

— D'avoir pris un époux dans la famille de vos ennemis : Buondelmonte est mon époux.

Tous les assistants jetèrent un cri de stupéfaction.

— Oui, continua Dianora en élevant la voix; oui, et que tous ceux qui sont ici l'entendent : Hippolyte n'a point commis d'autre crime que celui dont j'ai été la complice. Quand il a été surpris montant à ma fenêtre, c'était de concert avec moi. Il venait chez sa femme, et j'attendais mon époux. Maintenant, sommes-nous coupables, faites-nous mourir ensemble; sommes-nous innocents, pardonnez-nous à tous deux.

Tout était expliqué : Hippolyte avait mieux aimé se charger d'un crime honteux et mourir sur l'échafaud que de compromettre Dianora. Dix mille voix crièrent grâce à la fois. La foule se rua vers les deux jeunes gens, dispersa les soldats, chassa le bourreau, brisa le cercueil; puis, prenant dans ses bras Hippolyte et Dianora, elle les porta en triomphe chez le podestat, où se trouvait la pauvre mère sollicitant encore la grâce de son fils.

Il n'est pas besoin de dire qu'à l'instant même la sentence fut révoquée. La seigneurie, s'étant assemblée, députa en même temps deux de ses membres aux Bardi et aux Buondelmonti pour les prier, au nom de la république, de se réconcilier, et de consentir au bonheur des deux jeunes gens en gage de réconciliation. Si grands ennemis qu'ils fussent, les Buondelmonti et les Bardi ne purent refuser à la république, qui priait quand elle avait le droit d'ordonner. Ainsi s'éteignirent, pour un temps du moins, les haines qui divisaient les deux familles. C'est en mémoire de cet événement qu'Hippolyte de Buondelmonte fit bâtir la petite église de Santa-Maria sopr'Arno.

CHAPITRE V.

SAINT ZANOBBI.

Une inscription gravée sur une pierre incrustée sous les fenêtres du palais Altoviti, et la colonne de la place du Dôme, communément appelée la colonne Saint-Jean, parce qu'elle est voisine du Baptistère, constatent les deux plus grands miracles qu'ait accomplis saint Zanobbi, évêque de Florence : l'un pendant sa vie, l'autre après sa mort; l'un l'an 400, l'autre l'an 428.

Saint Zanobbi naquit non-seulement d'une famille patricienne de Florence, mais encore qui avait la prétention de descendre de Zénobie, reine de Palmyre, qui vint à Rome sous le règne de l'empereur Aurélien. Saint Zanobbi était donc non-seulement de race noble, mais encore de race royale.

Il avait vingt ans à peu près lorsque la grâce le toucha. Il alla trouver le saint évêque Théodore, qui l'instruisit dans la foi du Christ, et lui donna le baptême en présence de tout le clergé florentin. Cette conversion, pour laquelle saint Zanobbi n'avait pas demandé le consentement de sa famille, irrita fort son père Lucien et sa mère Sophie, qui menacèrent le néophyte de leur malédiction; mais saint Zanobbi, en entendant cette menace, tomba à genoux, priant Dieu d'éclairer ses parents comme il l'avait éclairé lui-même; et Dieu, miséricordieux pour eux comme pour lui, se manifesta si visiblement à leur esprit, qu'accomplissant eux-mêmes l'action qu'ils avaient blâmée dans leur fils, ils vinrent à leur tour trouver l'évêque Théodore, des mains duquel ils eurent le bonheur de recevoir tous deux le baptême.

Saint Zanobbi devint le favori de l'évêque, qui le fit successivement clerc-chanoine et sous-diacre. Bientôt sa réputation de piété et son amour du prochain se répandirent tellement, qu'on venait le consulter de toutes les villes d'Italie sur la voie la plus certaine à suivre pour gagner le ciel; et ses discours étaient si simples, sa morale si évangélique, ses conseils si selon le cœur de Dieu, que chacun s'en retournait émerveillé de tant d'humilité jointe à tant de sagesse.

Sur ces entrefaites, l'évêque Théodore mourut; et quoique saint Zanobbi eût trente-deux ans à peine, il fut immédiatement promu à l'épiscopat. Il est vrai que la réputation de saint Zanobbi était si grande, que saint Ambroise vint de Milan à Florence pour le visiter, et prendre sur lui, disait-il, des exemples de sainteté.

Saint Damase régnait en ce même temps à Rome. Il entendit parler des grands mérites de saint Zanobbi, et le voulut voir. Il l'invita donc à se rendre près de lui; et saint Zanobbi, en fils soumis, s'empressa d'exécuter cet ordre et de se rendre aux pieds de Sa Sainteté. Saint

Damase récompensa la prompte obéissance de saint Zanobbi en le nommant un des sept diacres de l'Église romaine.

Dieu ne tarda point à permettre qu'une preuve éclatante que cet honneur n'était point immérité parût au jour. Un jour que le saint pontife, en compagnie de son diacre Zanobbi, se rendait à Sainte-Marie au delà du Tibre, où Sa Sainteté devait dire la messe ce jour-là, il arriva que le préfet de Rome, dont le fils était tombé en paralysie, et avait épuisé, sans guérir, tout l'art des médecins, pensa qu'il ne lui restait d'espérance que dans un miracle, et fut illuminé de cette idée que ce miracle saint Zanobbi le pouvait faire. Il vint donc l'attendre sur son passage, et, tombant à ses pieds les larmes aux yeux, il le supplia au nom du Seigneur de rendre la santé à son fils. Humble et modeste comme il était, saint Zanobbi se récusa, déclarant qu'il se regardait comme trop insuffisant et trop indigne pour que Dieu daignât accomplir un miracle par ses mains. Mais le préfet insista tellement, que saint Zanobbi pensa qu'une plus longue résistance serait un doute de la puissance de Dieu, puisque Dieu se manifeste par qui il lui plaît, par les grands comme par les petits, par les dignes comme par les indignes. Il suivit donc le pauvre père, et, encouragé par le pontife lui-même, il s'agenouilla près du lit du malade, resta long-temps les mains jointes, les yeux au ciel, et absorbé par une profonde prière; puis, se relevant, il traça du bout du doigt le signe de la croix sur le corps du malade, et le prenant par la main :

« Jeune homme, dit-il, si la volonté de Dieu est que tu te lèves et que tu guérisses, lève-toi et sois guéri. »

Et le jeune homme se leva aussitôt et alla se jeter dans les bras de son père à la grande admiration du peuple, du clergé et du pontife, qui, à partir de ce moment, commencèrent à regarder Zanobbi comme un saint; opinion qui lui valut d'être envoyé par le pape à Constantinople pour combattre les hérésies qui commençaient à s'élever dans l'Église.

Dieu avait donné à Zanobbi le don des

miracles, et par conséquent l'avait fait participant à sa nature divine. Aussi Zanobbi, pensant que mieux valait combattre les hérétiques par les faits que par les paroles, et que les yeux sont plus promptement convaincus que les oreilles, débuta par se faire amener deux possédés que tous les médecins avaient inutilement tenté de guérir et tous les prêtres vainement essayé d'exorciser. Mais Zanobbi eut à peine prononcé le nom de Jésus à leur oreille et fait le signe de la croix sur leur corps, que les démons s'envolèrent en jetant un grand cri, et que les possédés, à jamais délivrés de la possession, tombèrent à genoux et rendirent grâce au Seigneur.

Un pareil début, comme on le pense bien, répandit le nom de Zanobbi dans toute l'Église et parmi tout le clergé de Constantinople. Depuis le temps des apôtres les miracles devenaient rares, et il était évident que ceux à qui Dieu en conservait le don étaient ses serviteurs bien-aimés. Chacun s'empressa donc d'écouter les paroles de l'évêque de Florence ; et l'hérésie, qui avait commencé de montrer sa tête au milieu de la sainte Église, disparut, sinon pour toujours, du moins momentanément.

Mais le moment approchait où notre Seigneur Jésus-Christ allait permettre que la sainteté de Zanobbi éclatât dans tout son jour, en lui donnant l'occasion de faire un miracle pareil à celui qu'il avait fait lui-même en ressuscitant la fille de Jaïre chez les Géraséniens, et le frère de Marthe à Béthanie.

Zanobbi était revenu à Florence après son voyage d'Orient, et continuait, à la gloire de Dieu et à la propagation de sa renommée, de rendre la vue aux aveugles, la raison aux possédés et le mouvement aux paralytiques, lorsqu'une femme française qui allait à Rome avec son fils pour accomplir un pèlerinage promis, fut forcée de s'arrêter à Florence, le jeune homme, fatigué du voyage, étant trop souffrant pour continuer son chemin.

Cette femme était une sainte créature, pleine de foi et de piété ; elle entendit parler des grandes vertus de Zanobbi et voulut le voir.

Zanobbi fut pour elle ce qu'il était pour tous, le consolateur et le soutien des affligés, et la pèlerine reconnut facilement que l'esprit de Dieu était dans cet homme. Aussi quelque amour qu'elle eût pour son fils, dont la santé allait toujours s'affaiblissant, lorsque le saint lui eut donné le conseil de continuer son chemin vers Rome et de laisser son enfant à Florence, elle obéit aussitôt, recommanda le jeune homme aux soins et aux prières du saint évêque, embrassa l'enfant et partit; quoique, sentant son mal croître de moment en moment, l'enfant la supplia de rester.

Le pauvre petit ne se trompait pas; le germe de la mort était en lui, et il alla chaque jour dépérissant, appelant sans cesse sa mère et répondant par ce seul cri : Ma mère! ma mère! aux secours des médecins et aux exhortations du saint évêque. Aussi, soit qu'il fût condamné, soit que cette douleur de se trouver seul dans une ville inconnue empirât encore son état, son mal fit des progrès si rapides, que quinze jours après le départ de sa mère il expira en l'appelant et en demandant à Dieu de la revoir une fois encore. Mais Dieu, qui avait d'autres projets sur lui, ne le permit pas.

Le jour même de sa mort, et comme des mains étrangères venaient de rendre au pauvre trépassé les derniers devoirs, sa mère, revenue de Rome, rentrait à Florence pleine de joie du bon et pieux voyage qu'elle avait fait, et pleine d'espérance de retrouver son enfant guéri.

Elle s'achemina donc rapidement vers sa demeure. Mais sans savoir pourquoi, à mesure qu'elle approchait, elle sentait son âme se serrer. A quelques pas de la maison, elle rencontra deux femmes qu'elle connaissait, et qui, au lieu de la féliciter de son bon retour, continuèrent leur chemin en détournant la tête. Au seuil de la porte, elle sentit une odeur d'encens qui l'épouvanta malgré elle; un instant elle demeura immobile et se demandant si elle devait aller plus avant. Enfin, jugeant que le mal le plus terrible qu'elle pût éprouver était l'angoisse qui lui brisait l'âme, elle s'élança dans la maison, monta rapidement l'escalier, et, trouvant toutes les portes ouvertes, elle se précipita dans la chambre de son enfant en criant à son tour : Mon fils! mon fils!

L'enfant était couché, les cheveux couronnés de fleurs, tenant d'une main une palme et de l'autre un crucifix ; et comme il était mort sans agonie, on eût dit tout simplement qu'il dormait.

La mère le crut aussi, ou plutôt elle essaya de le croire. Elle se jeta sur son lit, serra l'enfant dans ses bras, baisant ses yeux fermés et sa bouche froide, et lui criant de s'éveiller, et que c'était sa mère qui revenait auprès de lui pour ne le plus quitter. Mais l'enfant dormait du sommeil sans réveil, et ne répondit pas.

Alors le Seigneur permit que le cœur de la mère, au lieu de se livrer au désespoir, s'ouvrît à la foi; elle se laissa glisser du lit mortuaire, et tombant sur ses deux genoux : *Domine, Domine,* s'écria-t-elle comme les sœurs de Lazare, *si fuisses hic, filius meus non fuisset mortuus;* c'est-à-dire : Seigneur, Seigneur, si tu avais été ici, mon enfant ne serait pas mort.

Puis alors un espoir lui revint. Comme à ses cris maternels les voisins étaient accourus, et que l'appartement commençait à se remplir de monde, elle se retourna vers les assistants et demanda si personne parmi eux ne pouvait lui dire où était saint Zanobbi. Tous lui répondirent d'une seule voix que, comme on célébrait ce même jour la fête des bienheureux apôtres saint Pierre et saint Paul, l'évêque était avec tout son clergé occupé de célébrer l'office divin à l'église de Saint-Pierre-Majeur, située hors les murs, après quoi il reviendrait sans doute à l'église de Santa-Reparata, aujourd'hui le Dôme.

Aussitôt, avec cette foi qui soulève les montagnes, elle leva les regards au ciel, adressa sa prière à Dieu, et l'on remarqua qu'à mesure qu'elle priait les larmes se séchaient dans ses yeux, et que le calme reparaissait sur son visage; puis, la prière finie, elle se releva, prit son fils contre sa poitrine, et s'avançant vers la porte : — Place, dit-elle, à l'enfant qui va ressusciter !

On la crut folle et on la suivit.

Alors elle s'avança par les rues de Florence ; et, arrivée à la via Borgo-degli-Albizzi, elle aperçut, au bout de la rue, saint Zanobbi qui revenait processionnellement avec tout son clergé. Elle s'engagea aussitôt dans la rue, suivie d'une multitude de peuple presque aussi grande que celle qui suivait l'évêque, et l'ayant rencontré juste à l'endroit où se trouve aujourd'hui le palais Altoviti, elle déposa l'enfant devant lui, et se jetant à ses pieds :

— O saint homme du Seigneur ! s'écria-t-elle, les joues livides, les cheveux épars et la voix pleine de larmes ; — ô miséricordieux évêque ! ô père des pauvres ! ô consolateur des affligés ! tu sais que dans la perte des choses humaines là est la plus grande douleur où était la plus grande espérance et le plus grand amour. Or, toute mon espérance, tout mon amour, je les avais mis dans cet enfant que voilà mort à mes pieds. Que voulez-vous donc que devienne une mère quand son enfant unique est mort? N'oubliez donc pas que c'est par votre conseil que j'ai continué mon voyage vers Rome, que vous m'avez dit de laisser cet enfant entre vos mains, et que je l'y ai laissé. Et à cette heure, comment me rendez-vous mon enfant? Vous le voyez, saint homme de Dieu, mort, mort! Priez donc Dieu de renouveler pour moi le miracle qu'il a fait pour la fille de Jaïre et pour le frère de Marthe et de Madeleine. Je crois comme ces saintes femmes croyaient; j'ai dans l'âme la même foi qu'elles avaient dans l'âme. Dites donc les paroles saintes, je suis à genoux, je crois, j'attends.

Et la pauvre mère levait en effet vers le ciel des yeux si pleins d'espérance que tout le monde pleurait autour d'elle en voyant une si profonde douleur jointe à une si pieuse croyance.

Quant à saint Zanobbi, il s'était arrêté comme stupéfait d'un pareil espoir et dans l'humble doute toujours que le Seigneur daignât se servir de lui pour accomplir de si grandes choses. — Mais tout le peuple, qui lui avait déjà vu faire tant de miracles, se mit à crier, partageant la confiance de la mère :

— Ressuscitez l'enfant, saint évêque, ressuscitez-le.

Alors saint Zanobbi s'agenouilla, et, avec des larmes d'une dévotion profonde, il demanda à Dieu de permettre que le ciel s'ouvrît et laissât tomber sur le fils de cette pauvre femme la rosée de sa grâce. Puis, cette prière terminée, il fit le signe de la croix sur le corps de l'enfant, le souleva dans ses bras et le déposa dans ceux de sa mère.

La mère jeta un grand cri de joie et de reconnaissance : l'enfant venait de rouvrir les yeux; puis le dernier mot qui était sorti de sa bouche en sortit encore le premier, et l'enfant s'écria : — Ma mère!

Aussitôt tout le peuple se mit à louer Dieu, disant : *Benedictus es, Domine, Deus patrum nostrorum, et laudabilis, et gloriosus in sæcula, qui per sanctos tuos mirabilia operari non cessas.* — C'est-à-dire : Sois béni, ô Dieu de nos pères ! sois béni et loué dans tous les siècles, toi qui ne cesses d'opérer des miracles par l'intermédiaire de tes saints !

Et tous ainsi chantant et la mère tenant son fils par la main, ils accompagnèrent le saint homme jusqu'à l'archevêché. Puis la mère et l'enfant partirent pour la France, où tous deux arrivèrent en bonne santé, glorifiant le nom du Seigneur et celui du saint évêque qui les avait réunis l'un à l'autre quand ils se croyaient séparés pour jamais.

A l'endroit même où le miracle eut lieu, c'est-à-dire au pied du palais Altoviti, on voit encore aujourd'hui une pierre où est gravée cette inscription :

B. ZENOBBUS PUERUM SIBI A MATRE
GALLICA ROMÆ EUNTI
CREDITUM, ATQUE INTEREA MORTUUM,
DUM SIBI URBEM LUSTRANTI EADEM
REVERSA HOC LOCO CONQUERENS
OCCURRIT, SIGNO CRUCIS AD VITAM REVOCAT,
ANNO SAL. CCCC.

A son tour, après une vie toute de bonnes œuvres, saint Zanobbi mourut, mais comme il devait mourir, consolant et bénissant jusqu'à sa dernière heure. Ce fut vers l'an 424, disent les uns, et 426, disent les autres, qu'arriva cet événement, qui plongea Florence dans le deuil. Son corps, embaumé avec les parfums les plus riches et les aromates les plus précieux, fut déposé dans le cercueil revêtu de ses habits pontificaux et transporté, ainsi qu'il l'avait demandé lui-même, dans l'église de Saint-Laurent.

Mais trois ans après saint Zanobbi ayant été canonisé, son successeur, qui se nommait André et qui était un homme d'une piété suprême, résolut de lui rendre les honneurs qui lui étaient dus en transportant son corps de la modeste église où il avait été enterré dans la cathédrale de Saint-Sauveur. Le jour de cette translation fut fixé au 26 du mois de janvier, c'est-à-dire quatre ans environ après sa mort.

On se prépara à cette grande solennité par

un jeûne général. Toute la nuit du 25 au 26 janvier les cloches sonnèrent sans s'arrêter un seul instant.

Enfin, vers les six heures du matin l'évêque et tout le clergé se rendirent à l'église Saint-Laurent, où le cercueil était disposé dès la veille sur un riche catafalque tout brodé d'ornements et tout garni de franges d'or.

Les diacres et les évêques prirent alors le catafalque sur leurs épaules; et, précédés de l'évêque de Florence, mitre en tête, crosse en main, du clergé et des chantres qui disaient les hymnes saints, des enfants de chœur qui agitaient les encensoirs, des jeunes filles qui jetaient des fleurs, s'avancèrent processionnellement de l'église Saint-Laurent à la cathédrale de Saint-Sauveur, située où est aujourd'hui le Dôme. Et derrière eux marchait une grande multitude de peuple, au milieu de laquelle on se montrait les aveugles auxquels le saint avait rendu la vue, les paralytiques auxquels le saint avait rendu le mouvement, les possédés auxquels le saint avait rendu la raison.

Et tous louaient le Seigneur.

Or il advint, car une pareille solennité ne pouvait pas se passer sans miracle, qu'en arrivant sur la place il se précipita par une des rues latérales un tel flot de peuple que, obéissant malgré eux à l'impulsion donnée, les évêques et les diacres qui portaient le corps firent un mouvement de côté : de sorte que le catafalque sur lequel était couché le corps alla heurter un grand orme qui s'élevait sur la place et qui, tout dépouillé de ses feuilles, car, ainsi que nous l'avons dit, cette procession avait lieu le 26 janvier, semblait un arbre mort. Mais voilà qu'à peine le catafalque eut touché l'arbre qu'au même instant l'arbre se couvrit de bourgeons qui s'ouvrirent aussitôt, et en quelques secondes devinrent des feuilles aussi vertes, aussi fraîches, aussi touffues que celles que ce même arbre avait portées au mois de mai précédent. Alors de grands cris retentirent, et chacun se précipita vers l'orme qui venait de reverdir si miraculeusement pour en arracher les feuilles, pour en casser les branches : si bien qu'au bout d'un instant ce ne fut plus qu'un tronc dépouillé, et ce tronc lui-même fut scié à son tour, et du bois qu'il fournit on fit des tableaux d'autel; car autrefois, on se le rappelle, presque tous les tableaux d'église étaient sur bois. Au reste, un de ces tableaux resta long-temps dans la chapelle même du saint. Il représentait saint Zanobbi entre ses élèves bien-aimés, saint Eugène et saint Crescent; et aux pieds du digne évêque étaient écrits ces mots en caractères romains :

FACTA DE ULMO QUÆ FLORUIT TEMPORE BEATI ZANOBBI.

C'est en mémoire de cet orme, qui fleurit ainsi que nous venons de le dire et qu'en un instant le peuple dépouilla, que fut dressée la colonne de marbre encore debout aujourd'hui près du baptistère Saint-Jean, et sur laquelle on lit l'inscription suivante :

ANNO AB INCARNATIONE DOMINI 408 (1),
DIE 26 JANUARII, TEMPORE
IMPERATORIS ARCADII, ET HONORII,
ANNO UNDECIMO, QUINTO MENSE,
DUM DE BASILICA SANCTI LAURENTII
AD MAJOREM ECCLESIAM FLORENTINAM
CORPUS SANCTI ZANOBBI, FLORENTINORUM
EPISCOPI, FOERETRO PORTARETUR,
HIC IN LOCO ULMUS ARBOR
ARIDA TUNC EXISTENS, QUAM CUM
FOERETRUM SANCTI CORPORIS TETIGISSET,
SUBITO FRONDES ET FLORES
MIRACULOSE PRODUXIT, IN CUJUS
MIRACULI MEMORIA CHRISTIANI
CIVES FLORENTINI IN LOCO SUBLATÆ
ARBORIS HIC HANC COLUMNAM
CUM CRUCE IN SIGNO NOTABILI EREXERUNT.

Mille ans venaient de s'écouler pendant lesquels, par des miracles successifs, le corps de saint Zanobbi avait continué de donner aux Florentins la preuve que son âme veillait sur eux. La vieille basilique avait disparu pour faire place au nouveau Dôme. Brunelleschi venait de couronner de sa coupole le monument

(1) Il y a erreur dans la date, saint Zanobbi n'étant mort qu'en 425, et même quelques-uns disent en 426.

d'Arnolfo di Lapo. Enfin Sainte-Marie-des-Fleurs était érigée depuis 1420 en église métropolitaine par le pape Martin V, lorsque l'archevêque de Florence, Louis Scampieri, de Padoue, qui avait commencé par être valet de chambre et médecin du pape Eugène IV, et qui depuis fut cardinal et patriarche, songea à tirer le corps de saint Zanobbi des catacombes de l'ancienne basilique et à le mettre dans un lieu digne de la haute renommée dont il jouissait. Malheureusement, pendant que l'on bâtissait la nouvelle cathédrale, les travaux fondamentaux du monument avaient tout bouleversé; et, comme trois ou quatre générations s'étaient écoulées entre la première pierre, posée par Arnolfo di Lapo, et la dernière pierre, posée par Brunelleschi, on avait complétement oublié en quel lieu de l'ancienne crypte avaient été déposées les saintes reliques, dont, comme on se le rappelle, la translation avait déjà eu lieu de Saint-Laurent à Saint-Sauveur en l'an 429. En conséquence, l'archevêque rassembla tout son clergé, espérant que parmi les plus vieux chanoines de l'église il y en aurait qui pourraient lui donner quelques renseignements, et déclara dans cette première assemblée que son intention était que la translation du corps de saint Zanobbi eût lieu le 26 avril 1439.

Cette époque avait été fixée par le digne archevêque parce qu'à cette époque justement, un concile ayant été assemblé pour réunir définitivement l'Église grecque à l'Église romaine, Florence se trouvait être devenue momentanément le séjour des plus grands personnages de la chrétienté. En effet, se trouvaient alors à Florence le pape Eugène IV, Jean Paléologue, empereur des Grecs; Démétrius, son frère; Joseph, patriarche de Constantinople, et tout le collége des cardinaux, des évêques et des archevêques grecs et latins. C'étaient de dignes assistants pour une pareille fête. Aussi monseigneur Scampieri avait décidé que la translation se ferait avant leur départ.

Les plus vieux chanoines, en rappelant leurs souvenirs, avaient cru pouvoir indiquer à peu près à l'archevêque l'endroit où, par tradition, ils avaient entendu dire dans leur jeunesse que se trouvait le corps du saint. Mais cette difficulté levée, il s'en présentait une autre : on craignait que ces grands courants d'eaux, que ces profondes sources souterraines, reconnus par Arnolfo di Lapo lorsqu'il avait jeté les fondations de son monument, n'eussent, par leur humidité, putréfié le corps du saint. Or, quel scandale pour toute l'Église si ce corps, qui avait fait tant de miracles, se présentait à la vue de tous fétide et corrompu !

On résolut donc, pour obvier à cet inconvénient, de s'assurer de la vérité d'abord; puis, si le cadavre du saint était dans l'état où on craignait de le voir, d'en prévenir le pape, qui alors déciderait dans sa sagesse ce qu'il y avait à faire.

En conséquence, la veille du jour où la translation devait avoir lieu, le préposé de l'église, Jean Spinellino, homme grave et sur la discrétion duquel on pouvait compter, descendit dans les souterrains avec deux maîtres de chapelle, deux prêtres munis de flambeaux et quatre ouvriers armés de pioches. Les fouilles devaient être faites en deux endroits, d'abord sous une pierre marquée de la lettre S, que l'on présumait vouloir dire *sanctus*, puis sous un autel où l'on croyait plus communément que le saint avait été enterré.

Les excavations commencèrent. Malgré le signe que nous avons dit, on ne trouva rien sous la pierre que quelques débris de cercueil. Là avait été autrefois une tombe, il est vrai; mais la poussière était redevenue poussière, et il était impossible de séparer l'argile de l'argile. On abandonna donc cette première fouille, et l'on se tourna vers l'autel.

Là ce fut autre chose : à peine le devant de l'autel fut-il enlevé que l'on aperçut dans la profondeur un cercueil de marbre. On ne douta plus que ce ne fût celui de saint Zanobbi. On le tira du caveau où il avait reposé mille ans, et on l'ouvrit.

» Alors, non-seulement il n'y eut plus de doute, mais l'identité du saint fut reconnue par un nouveau miracle. Lors de la première translation, on avait parsemé son corps de fleurs et de feuilles de l'orme qu'il avait ravivé en le touchant. Or sur son corps, aussi intact que le jour de l'inhumation, on retrouva ces feuilles aussi vertes et ces fleurs aussi fraîches que le jour où elles avaient été cueillies.

A l'instant même le pape Eugène fut prévenu de l'événement, et se rendit, avec tout le collége des cardinaux, des évêques et des archevêques, dans les souterrains du Dôme, où il trouva à genoux autour du cercueil les ouvriers qui l'avaient exhumé, les prêtres qui tenaient les flambeaux et le préposé Jean Spinello, lesquels ne pouvaient croire à ce qu'ils voyaient et remerciaient le Seigneur, qui avait daigné donner en présence du saint-père lui-même cette preuve que son esprit n'avait pas encore abandonné la terre.

Le lendemain la translation des reliques eut lieu; et, après huit jours d'adoration sur le maître-autel, le corps du saint fut transporté dans la chapelle souterraine qui lui avait été destinée.

8.

Aujourd'hui encore, outre les reliques du saint que l'on adore dans la cathédrale, on conserve trois choses révérées comme sacrées: son anneau épiscopal, propriété de la famille Girolami; le buste d'argent qui renferme un os de sa tête, et le chapeau que portait habituellement le saint, fait en forme d'un chapeau de cardinal. Le chapeau se conserve dans l'église de San-Giovanni-Batista, dite della Calza, et située près de la porte Romaine. Il jouit toujours d'une grande réputation, et journellement les malades l'envoient chercher comme on envoie chercher à Rome le saint Bambino d'Ara-Cœli.

Le buste est au Dôme; le 25 mai de chaque année, on apporte des bouquets de roses qui, sanctifiés par son contact, deviennent pour tout le reste de l'année un remède certain contre les douleurs rhumatismales, les affections des yeux, et surtout les maux de tête.

Quant à l'anneau de saint Zanobbi, il fit vers la fin du quinzième siècle, c'est-à-dire cinquante ans environ après les événements que nous venons de raconter, un voyage en France par lequel nous terminerons cette légende.

Notre bon roi Louis XI était fort malade ; et comme il avait déjà grandement usé du crédit de Notre-Dame-d'Embrun, de saint Michel et de saint Jacques ses patrons habituels, il eut la crainte, s'il s'adressait à eux, que lassés de ses prières antérieures, et dégoûtés de lui rendre service par son peu d'exactitude à remplir les promesses qu'il leur avait faites, ils ne le laissassent dans l'embarras. Il songea alors à saint Zanobbi qui, sans doute ayant moins entendu parler de lui, serait peut-être plus disposé à lui rendre service, et s'adressa à Laurent-le-Magnifique pour qu'il obtînt de la famille Girolami qu'elle lui envoyât son anneau.

Laurent accepta l'ambassade et mena la négociation à bien : la famille Girolami consentit à se séparer momentanément de la précieuse bague, et elle fut envoyée en France par l'entremise du chapelain de la famille, qui fit serment de ne point la perdre de vue une seule seconde et de ne point s'en dessaisir un seul instant. En effet, le chapelain suspendit l'anneau à son cou avec une chaîne d'or, et pendant toute la route ne s'en sépara ni jour ni nuit.

Arrivé à la frontière, le chapelain trouva une escorte qui devait le conduire à travers la France jusqu'au Plessis-les-Tours. C'est là que le vieux roi, abandonné de ses médecins, ne croyant plus aux saints français, attendait l'anneau miraculeux dans lequel résidait sa dernière espérance.

Quoique le chapelain fût habitué aux massives constructions de la Florence populaire, quoiqu'il eût parcouru les sombres corridors du Palais-Vieux, quoiqu'il eût sondé les murs épais du palais de Côme, in via Larga, et du palais Strozzi, place de la Trinité, il ne put s'empêcher de frémir en franchissant ces ponts-levis, en traversant ces herses, en s'engageant dans ces chemins couverts qui défendaient les abords de Plessis-lès-Tours. Ajoutons que les autres objets qui s'offraient à chaque pas sur son chemin n'étaient pas de nature à le rassurer : c'étaient dans la forêt qu'il venait de traverser des squelettes de pendus, dont les os cliquetaient au vent et dont les corbeaux se disputaient les derniers débris; c'étaient dans les salles basses le bourreau Tristan et ses deux acolytes ; c'était à la porte de la chambre royale l'ex-barbier Olivier Le Daim qui venait d'être fait comte ; c'était enfin derrière tout cela le vieux tigre mourant, et, tout mourant qu'il était, capable de faire jeter le pauvre chapelain dans quelque cage de fer pareille à celle du cardinal La Balue, si l'anneau de saint Zanobbi ne produisait pas l'effet qu'il en avait espéré.

Aussi, en voyant tout cela, le pieux messager aurait-il bien voulu n'avoir jamais quitté Florence : mais il était trop tard pour reculer; il était venu jusque-là, il fallait aller jusqu'au bout.

Olivier Le Daim ouvrit la porte, et le chapelain vit à terre, couché sur un lit de cendre, le corps enveloppé d'une robe de moine, les yeux ardents de fièvre, celui devant qui la France tremblait, et qui tremblait lui-même devant la mort. Au premier aspect, on eût dit qu'il ne restait au royal agonisant que le temps de dire un *Pater* avant de mourir, tant il était maigre, hâve et livide. Mais Louis XI n'était pas un de ces rois qui meurent ainsi tant qu'il leur reste un angle de la vie auquel ils peuvent se cramponner, et qui quittent la terre au premier appel de Dieu. Non, il avait mis toute son espérance dans saint Zanobbi ; il s'était répété vingt fois, cent fois, mille fois, dans ses veilles fiévreuses et dans ses terreurs nocturnes, que, si l'anneau arrivait avant qu'il fût mort, il était sauvé. A la vue du chapelain il sentit donc ses forces revenir, et, sans l'aide de personne, se relevant sur ses deux genoux :

— Venez vite à moi, mon père, dit-il, venez vite. Vous êtes un digne homme, et Zanobbi un grand saint. Où est l'anneau, où est l'anneau ?

Alors le chapelain tout tremblant s'approcha du roi, lui présentant le message dont l'avait chargé Laurent; mais ce n'était pas une lettre du Magnifique qu'attendait Louis XI, aussi l'écarta-t-il si violemment qu'elle alla tomber de l'autre côté de la chambre; et se cramponnant à la main du prêtre :

— C'est l'anneau que je demande, dit-il; n'as-tu pas l'anneau, prêtre maudit?

— Si fait, sire, si fait, se hâta de répondre le chapelain; et tirant de sa poitrine l'anneau miraculeux il le montra à Louis XI, qui précipita dessus et le baisa ardemment, faisant en même temps avec lui des signes de croix multipliés.

Puis, ce premier mouvement de joie passé, Louis XI demanda au chapelain qu'il lui confiât l'anneau ; mais celui-ci lui dit alors à quelles conditions formelles l'anneau lui était envoyé. C'était ce que lui expliquait dans sa lettre Laurent-le-Magnifique.

Le roi ordonna à Olivier Le Daim de ramasser la lettre et de lui en faire la lecture : Olivier obéit, et Louis XI l'écouta d'un bout à l'autre, secouant la tête du haut en bas en signe d'adhésion, et de temps en temps se retournant pour baiser l'anneau et pour faire encore avec lui le signe de la croix.

Puis on porta le roi dans son lit, le chapelain tenant la chaîne, et le roi tenant l'anneau. Et comme le roi ne voulait pas quitter l'anneau et que le chapelain ne voulait pas quitter la chaîne, le chapelain s'assit au chevet du roi, où il resta trois jours et trois nuits, buvant, mangeant et dormant à la même place. Car pendant ces trois jours et ces trois nuits le malade ne voulut point quitter la bague, ne cessant de la baiser, de faire des signes de croix avec elle et de prier le bienheureux saint Zanobbi de lui rendre la santé.

Or, au bout de trois jours, le bon roi Louis XI était, sinon guéri, du moins hors de danger.

Alors il rendit la liberté au chapelain, lui fit force cadeaux, et ordonna que son orfévre particulier exécutât, pour renfermer la bague miraculeuse, un des plus riches reliquaires qui eussent jamais été vus.

Et le chapelain revint à Florence, rapportant non-seulement l'anneau du saint, sur lequel il avait fait si bonne garde, mais encore le reliquaire donné par le bon roi Louis XI, lequel était si précieux, que, du prix qu'en tira la famille Girolami, elle fonda au Dôme un canonicat.

CHAPITRE VI.

SAINT JEAN GUALBERTI.

En sortant de Florence par la porte de San-Benito, et en suivant la route qui monte à la charmante église de ce nom, le promeneur aperçoit à droite, et au point où cette route se divise en deux branches, un petit monument en forme de tabernacle. Ce monument renferme une peinture représentant un chevalier qui, tout couvert de fer, armé de pied en cap, l'épée nue à la main, s'apprête à frapper un homme sans armes, agenouillé devant lui, et demandant grâce. Au second plan s'élève un crucifix. Voici l'histoire de ce crucifix, de cet homme sans armes et de ce chevalier armé :

Il y avait dans les environs de Florence, vers la fin du dixième siècle, un noble homme que l'on appelait le chevalier de Petrojo, parce qu'il habitait un de ses châteaux qui portait ce nom. Ce château, fief de l'empire concédé à lui et à sa descendance, est situé sur le chemin de Rome, à dix milles environ de la ville.

Ce chevalier de Petrojo, dont le vrai nom était Gualberti, ne s'était pas retiré dans ce château sans des motifs sérieux que nous allons indiquer.

Le chevalier de Petrojo avait deux fils : l'un (c'était l'aîné) se nommait Hugo, l'autre (le cadet) s'appelait Giovanni. Ces deux fils étaient l'espoir de sa maison, qui, puissante jusqu'alors, promettait d'atteindre encore un plus haut degré de splendeur, car une vieille parente du chevalier, jugeant que ces jeunes gens seraient un jour la gloire de leur race, avait laissé à Hugo et à Giovanni toute sa fortune, qui était immense, à l'exclusion d'un de ses neveux nommé Lupo, qui lui paraissait donner de moins belles espérances.

Elle avait cependant posé cette condition, qu'en cas de mort des deux jeunes gens, cette fortune reviendrait à celui qui, sans eux, en eût été le propriétaire naturel. Quoi qu'il en soit, par suite de ce legs, messire Gualberti se trouvait un des plus nobles et des plus riches seigneurs de Florence.

L'aîné de ses fils avait quinze ans, et le cadet neuf; tous deux étaient élevés en jeunes seigneurs destinés aux armes : aussi, bien que sortant à peine de l'enfance, Hugo promettait-il de marcher dignement sur les traces de ses ancêtres; il manœuvrait un cheval, maniait une épée, et lançait un faucon de manière à faire envie à plus d'un chevalier qui avait le double de son âge. Monter à cheval, courir les tournois, *oiseler*, comme on disait à cette époque, étaient ses seuls plaisirs; et son père, messire Gualberti, le poussait fort à tous ces exercices, lui disant que, lorsqu'un chevalier savait ces trois choses et prier Dieu, il n'ignorait rien de ce qu'un noble homme doit savoir.

Or, il arriva qu'un jour Hugo projeta, avec

plusieurs jeunes seigneurs de ses amis, une grande chasse au sanglier dans les Maremmes. La chasse au sanglier se faisait ordinairement en grande compagnie; car, comme on le sait, elle n'est pas exempte de quelques dangers: le sanglier, forcé et tenant aux chiens, s'attaquait à l'épieu, et c'était alors une lutte corps à corps dans laquelle l'homme n'était pas toujours le vainqueur.

Le jeune Hugo se faisait une grande fête de cette chasse; et lorsqu'il vint prendre congé de son père, il avait un certain air triomphant qui fit sourire le bon chevalier. Son père ne lui en fit pas moins la leçon sur la manière d'attaquer l'animal ou de l'attendre; mais Hugo, qui avait déjà mis à mort une vingtaine de monstres de la même espèce, écouta les recommandations de son père en souriant; et, comme il tenait son épée à la main, il fit avec cette arme deux ou trois évolutions qui prouvaient que le plus habile chasseur n'avait rien à lui apprendre sur ce sujet.

Trois jours après, cette affreuse nouvelle arriva à messire Gualberti, que son fils, s'étant emporté à la poursuite d'un énorme sanglier, avait été tué par lui en le tuant lui-même, et retrouvé mort près du sanglier mort. Le désespoir de messire Gualberti fut profond. Ce fut néanmoins celui d'un homme craignant le Seigneur. Il leva les deux mains au ciel : Dieu me l'a donné, dit-il; Dieu me l'a ôté... le saint nom du Seigneur soit béni. Puis il fit rapporter le corps qu'on avait mis dans un cercueil, et le fit déposer dans le caveau de la famille.

Mais bientôt de nouveaux bruits se répandirent. On dit que le même jour on avait vu deux hommes masqués, dont l'un était tout ensanglanté, fuir à grande course de cheval à travers les Maremmes. Ces hommes venaient du point précis où le cadavre du jeune Hugo avait été retrouvé. L'homme blessé s'était même trouvé si faible en arrivant aux environs de Volterra, qu'il avait été obligé de s'arrêter dans la maison d'un paysan, qui lui avait donné un verre de vin. Son compagnon alors l'avait gourmandé sur sa faiblesse, l'avait fait remonter à cheval; et tous deux, repartant au grand galop, avaient disparu par la route de Vienne.

Alors messire Gualberti avait fait venir les deux médecins de Florence, les avait conduits au caveau de sa famille; et, ouvrant lui-même le cercueil de son premier né, il avait déroulé le linceul qui l'enveloppait pour mettre au jour les blessures qui avaient causé sa mort.

Les médecins sondèrent les blessures, et reconnurent qu'elles avaient été faites, l'une avec une épée, l'autre avec un poignard. Au premier abord, on avait pu s'y tromper et croire que les défenses d'un sanglier les avaient faites; mais, en y regardant de plus près, la véritable cause de la mort du jeune Hugo se révélait clairement. Il n'avait pas été tué par accident dans sa lutte avec une bête sauvage, mais frappé avec intention par des assassins.

Quels pouvaient être ces assassins? Voilà ce qu'ignorait entièrement messire Gualberti.

Sur qui devait tomber la vengeance? C'est ce qu'un miracle de Dieu pouvait seul révéler. Dieu permit que le miracle s'accomplît.

Trois mois après cet assassinat, comme messire Gualberti venait de faire la prière du soir, recommandant à Dieu le seul fils qui lui restait, on frappa à la porte du palais. Les serviteurs allèrent ouvrir, et rentrèrent avec un moine. Le moine s'approcha de messire Gualberti, et lui dit qu'un malheureux, qui était sur le point de mourir, avait une révélation à lui faire.

Messire Gualberti se leva aussitôt, et suivit le moine.

Le moine le conduisit dans une de ces petites rues de Florence qui sont situées du côté de Porta-alla-Croce, et qui donnent par un bout sur les remparts. Arrivé là, il ouvrit la porte d'une maison de pauvre apparence, monta deux étages, et introduisit messire Gualberti dans une chambre tapissée d'armes de différentes espèces, où, sur un grabat tout ensanglanté gisait un homme presqu'à l'agonie.

Au bruit que firent en entrant le moine et messire Gualberti, il se retourna.

— Est-ce le père? demanda-t-il.

— Oui, dit le moine.

— Alors qu'il se hâte, dit le mourant; car vous avez bien tardé, et je ne sais pas si j'aurai la force d'aller jusqu'au bout.

— Dieu vous la donnera, dit le moine.

Et il fit signe à messire Gualberti de s'asseoir au chevet du lit.

Alors le moribond se souleva. Il fit d'abord promettre à messire Gualberti que son pardon lui serait accordé, quelque chose qu'il eût à lui révéler.

Alors il lui raconta tous les détails de la mort de son fils : l'assassin était le parent déshérité auquel, en cas de mort des deux enfants, la fortune devait revenir, et l'homme qui allait mourir était son complice.

Messire Gualberti jeta un cri d'horreur, et se recula vivement. Mais le mourant lui fit signe qu'il n'avait pas tout dit. — Le lendemain on devait assassiner Giovanni comme on avait déjà assassiné Hugo ; le sbire avait même reçu d'avance de Lupo la moitié de la somme promise. C'est ce qui avait tout perdu. Il était allé boire au cabaret avec quelques-uns de ses camarades ; là il s'était pris de dispute, et avait reçu un coup de couteau. Aussitôt, comme il était connaisseur en pareille matière, et qu'il avait senti pénétrer le coup à fond, il s'était fait reporter chez lui, avait envoyé chercher un moine, et s'était confessé. Le moine lui avait dit que c'était non à lui, mais au père du jeune homme assassiné de l'absoudre. Il avait donc couru chercher messire Gualberti, et l'avait amené près du lit du moribond.

Messire Gualberti n'avait qu'une parole. Il avait promis de pardonner, il pardonna.

D'ailleurs il songeait à part lui que le vrai coupable n'était pas celui qui avait déjà reçu la punition de son crime, mais bien l'homme qui avait tout conduit. Il dit donc au sbire de mourir tranquille, et qu'il réservait sa vengeance pour plus puissant que lui. Alors il s'en retourna chez lui pensif et à pas lents, tandis que le moine aidait le meurtrier à mourir.

Messire Gualberti avait été dans son temps un puissant chevalier, qui n'eût craint homme qui fût au monde; mais il avait vieilli, l'âge avait appesanti ses bras; il songea que s'il allait présenter le combat au meurtrier d'Hugo, qui était alors dans toute la gloire de la jeunesse, il pouvait être tué dans la lutte, et laisser ainsi son petit Giovanni sans défense. Il résolut donc de prendre un autre parti. Ce que lui avait dit le sbire des intentions du meurtrier lui fit songer qu'il fallait avant tout soustraire le jeune Giovanni à ses assassins. Sans rien dire à personne de la découverte qu'il avait faite, il quitta donc Florence le lendemain, se retira dans son château de Petrojo.

et emmena Giovanni avec lui. Outre le désir de sauver son fils, il en avait un autre : c'était de faire de Giovanni le vengeur d'Hugo.

Malheureusement Giovanni ne semblait destiné en rien par la nature à un pareil but : c'était un enfant doux, bon, patient, miséricordieux, et dont on pouvait dire, comme de Job, que la compassion était sortie en même temps que lui du ventre de sa mère. En outre, au lieu d'être porté, comme l'était son frère aîné, vers tous les plaisirs violents, il n'aimait, lui, que la lecture, la contemplation, la prière, et jamais il n'était plus heureux que lorsque, dans quelque chapelle retirée, au milieu de la solitude, sous l'œil de Dieu, il feuilletait quelque beau missel aux pages enluminées, ou quelque vieille Bible représentant Dieu le Père en costume d'empereur.

Messire Gualberti pensa que son fils était encore en âge d'être pour ainsi dire refait et repétri : aux livres mystiques, il substitua les livres de chevalerie; aux miracles du Seigneur, les grandes actions des hommes. Il lui donna à lire Grégoire de Tours, Luitprand, le moine de Saint-Gall; et cette belle et jeune organisation se prit bientôt d'admiration pour les hauts faits d'Alboin et de Charlemagne comme elle s'était prise d'amour pour les souffrances de Jésus-Christ.

C'était le point où messire Gualberti voulait l'amener. Lorsqu'il le vit arrivé à cet état d'exaltation guerrière, il lui fit faire une armure complète pour sa taille; il l'habitua à en supporter peu à peu le poids, d'abord pendant quelques instants, ensuite pendant des heures, enfin pendant des journées tout entières. Comme il était un maître habile en fait d'armes, il exerça chaque matin son élève à la lance, à l'épée et à la hache. Il lui fit monter successivement tous ses destriers, depuis le cheval le plus doux jusqu'au cheval le plus emporté de ses écuries. A l'âge de quinze ans, Giovanni non-seulement avait acquis toutes les qualités guerrières de son frère, mais encore, soumis régulièrement chaque jour à un exercice qui avait développé ses forces, il était devenu vigoureux comme un homme de trente ans.

Pendant tout ce temps, messire Gualberti n'était pas revenu une seule fois à Florence, et n'avait quitté son château que pour faire, avec son fils, et toujours suivi d'une escorte nombreuse et bien armée, de petites courses dans les environs : aussi, avait-on complétement oublié qu'il s'appelait messire Gualberti, et on ne l'appelait plus, comme nous l'avons déjà dit, que le chevalier de Petrojo.

En outre, tous les matins le chapelain disait une messe basse pour l'âme de messire Hugo Gualberti, *traîtreusement assassiné;* et tous les matins le père, la mère et le frère du défunt assistaient à cette messe, mêlant leurs prières à celles de l'homme de Dieu ; puis, le jour anniversaire de l'assassinat, on tendait la chapelle de noir, et l'on disait une grand'messe, qu'entendaient non-seulement les assistants habituels, mais tous les paysans qui relevaient du domaine de Petrojo.

Giovanni avait donc atteint l'âge de quinze

ans. Son père, qui avait vu s'opérer un grand changement dans son corps, remarqua qu'il se faisait un changement non moins grand dans son esprit : le jeune homme paraissait chaque matin, en écoutant la messe mortuaire, en proie à des idées plus sombres que la veille. Après la messe il demeurait pensif toute la journée. Souvent son père le surprenait dans la salle d'armes, où il passait la moitié de sa vie, non pas maniant des épées ou des haches ordinaires, mais s'exerçant avec quelqu'une de ces armes gigantesques que les traditions disaient avoir appartenu à ces chefs barbares descendus des plateaux de l'Asie, au quatrième et au cinquième siècle, sur les traces d'Alaric, de Genseric et d'Attila. Peu de casques, si bien trempés qu'ils fussent, résistaient à un coup d'épée donné par Giovanni, et il n'était pas de boucliers qui ne volassent en éclats sous un coup de masse asséné par lui.

Messire Gualberti voyait toutes ces choses et remerciait Dieu. Mais ce qu'il suivait surtout avec la plus grande attention, c'était ce pli de la pensée qui se creusait chaque jour davantage au front du jeune homme; c'était ce frémissement qui courait par tout son corps lorsque le matin le prêtre prononçait les prières sacramentelles : c'était cette pâleur qui couvrait son visage chaque fois qu'il voyait pleurer sa mère, et sa mère pleurait souvent, car elle connaissait son mari, et, quoiqu'il ne lui eût fait aucun aveu, ses projets, inconnus à tout le monde, n'étaient point un secret pour elle.

Cette situation se prolongea jusqu'au septième anniversaire de la mort d'Hugo. Cette fois Giovanni écouta la messe mortuaire avec plus de recueillement et de tristesse encore que d'habitude. Seulement, la messe finie, il retint messire Gualberti, et ayant laissé sortir tout le monde, il demeura seul avec lui.

Messire Gualberti, qui n'avait pas perdu de vue Giovanni pendant tout le temps qu'avait duré l'office, se douta de ce qui allait se passer; le fils et le père échangèrent un regard, et tous deux comprirent que l'heure solennelle, attendue par l'un, était arrivée pour l'autre.

Messire Gualberti tendit la main à son fils, qui la baisa respectueusement; puis Giovanni se relevant aussitôt.

— Mon père, lui dit le jeune homme, vous devinez les questions que j'ai à vous faire?

— Oui, mon fils, répondit le vieux chevalier, et me voilà prêt à y répondre.

— Mon frère a été traitreusement assassiné? demanda Giovanni.

— Hélas! oui, répondit le père.

— Dans quel but?

— Pour s'emparer de sa fortune.

— Par qui?

— Par Lupo, votre cousin à tous deux.

Le jeune homme tressaillit, car parmi les souvenirs de sa jeunesse il se rappelait qu'il avait un sentiment d'antipathie pour un seul homme, et cet homme c'était Lupo.

— Tant mieux, dit-il, j'aime mieux que ce soit par lui que par un autre.

— Et pourquoi cela? demanda le père.

— Depuis que je me connais, j'ai détesté cet homme, moi qui ne déteste personne; et il m'en coûtera moins de le tuer que de frapper un autre.

— Tu le tueras donc? s'écria le vieux chevalier avec un cri de joie et en serrant Giovanni dans ses bras.

— N'est-ce pas dans cet espoir que vous m'avez élevé, mon père? demanda le jeune homme, comme s'il eût été étonné d'une semblable question.

— Oui, oui, sans doute; mais je doutais que tu m'eusses deviné.

— Depuis un an seulement c'est vrai; jusqu'alors j'avais vécu machinalement. J'avais regardé sans voir, j'avais écouté sans entendre. Il ne faut pas m'en vouloir, mon père : jusque-là j'étais un enfant, aujourd'hui je suis un homme.

— Ainsi donc tu le tueras? s'écria une seconde fois le vieillard.

Le jeune homme étendit les bras vers le crucifix.

— Sans pitié, sans miséricorde, comme il a tué ton frère?

— Par ce crucifix, je le jure, mon père, s'écria Giovanni.

— Oh! bien, bien, s'écria le vieillard; tout est dit, me voilà tranquille et mon fils sera vengé.

Et tous deux sortirent de l'église, le cœur aussi léger et la figure aussi joyeuse que s'ils ne venaient pas de commettre une action sacrilége; et pourtant c'était une action sacrilége que ce serment de vengeance prêté devant l'autel du Dieu de la miséricorde. Mais telles étaient les âpres idées d'honneur de cet âge de fer, que presque toujours les sentiments religieux pliaient devant elles.

Cependant à cette joie qu'avait éprouvée

messire Gualberti avait presque immédiatement succédé une grande inquiétude : Lupo avait trente-huit ans, il était dans toute la force de l'âge ; Giovanni en avait seize, c'était encore un enfant. Aussi, le lendemain du jour où s'était passée la scène que nous venons de raconter, le père vint-il trouver son fils dans la salle d'armes où il s'exerçait, et lui fit-il promettre de passer encore toute une année sans rien tenter contre Lupo. Giovanni se débattit un instant, mais, vaincu par les prières de son père, il promit ce que son père demandait.

L'année se passa donc, comme les précédentes, à entendre la messe mortuaire, à s'exercer aux armes et à faire des courses dans les environs du château ; puis l'année écoulée, le jeune homme rappela à son père qu'il avait dix-sept ans.

Mais le vieillard secoua la tête.

— Il n'est pas encore temps, accorde-moi une autre année.

Le jeune homme résista plus violemment encore qu'il n'avait fait la première fois; mais, comme la première fois, il céda enfin, et accorda à son père l'année que celui-ci demandait.

Cette année s'écoula comme les autres : la force de Giovanni s'était tellement accrue qu'elle était devenue proverbiale. Cependant cette force ne rassurait pas encore son père : aussi, quand l'année fut terminée, Giovanni demanda congé au vieillard pour aller combattre Lupo; il le vit hésiter encore. Alors, devinant quel doute retenait son père, il tira le gantelet de fer qu'il portait; posant sa main nue sur un bloc de *macigno*, c'est-à-dire sur un granit des plus durs que l'on connaisse, il appuya sans apparence d'effort, et la pierre, se creusant comme de la glaise, garda l'empreinte de sa main (1).

Se retournant aussitôt vers le vieillard : — Voyez, dit-il.

(1) Du temps de Franchi, qui a écrit la Vie de saint Jean Gualberti, on montrait encore cette pierre à l'abbaye de Montescalari.

Messire Gualberti comprit que l'heure était venue, et, sans faire aucune autre observation, il embrassa son fils et lui permit de faire ce qu'il voudrait. Giovanni, qui était tout armé comme d'habitude, remit son gant, se fit amener son cheval, sauta dessus, et, piquant des deux, prit, suivi d'un seul écuyer, le chemin de Florence. C'était le neuvième jour anniversaire de la mort de son frère Hugo.

Arrivé à San-Miniato-al-Monte, Giovanni entra dans l'église, s'agenouilla devant le maître-autel et fit sa prière; ensuite il revint sur le seuil de l'église, et s'arrêta un instant pour regarder Florence, qu'il n'avait pas vue depuis neuf ans. Enfin, après un moment de cette pieuse contemplation que tout enfant au cœur filial accorde à sa mère, il remonta à cheval, et, toujours accompagné de son écuyer, il suivit l'étroit chemin qui de la basilique descend à Florence.

A l'autre extrémité de la route, un homme venait à sa rencontre, à cheval comme lui, mais vêtu de drap et de velours, et sans autre arme que son épée. Quand Giovanni fut à cinquante pas de cet homme à peu près, il leva la tête, fixa ses yeux sur lui, et tout à coup frissonna tellement des pieds à la tête que son armure en rendit un son. Quoiqu'il y eût neuf ans qu'il n'eût vu Lupo, il avait cru le reconnaître; et, comme un voyageur qui aperçoit un serpent, il avait, par un mouvement instinctif, arrêté son cheval. Quant à Lupo, il ignorait complétement quel était ce cavalier qu'il avait devant lui; il continua donc son chemin, insoucieux et sans soupçon. A mesure qu'il s'approchait, Giovanni s'assurait dans sa certitude et remerciait intérieurement Dieu; car, dans son aveuglement, il ne doutait pas que Dieu ne fût le complice de sa vengeance. Enfin, quand Lupo ne fut plus qu'à quelques pas de Giovanni, il ne resta plus à ce dernier aucune incertitude. Saisissant son épée avec un cri de rage, il la tira du fourreau et la secoua au-dessus de sa tête en se dressant sur ses étriers.

— A moi! Lupo, à moi! s'écria-t-il.

— Qui es-tu, et que veux-tu? demanda Lupo étonné et s'arrêtant juste en face d'un tabernacle dans lequel était un crucifix pareil à celui qui se trouvait dans la chapelle du château de Petrojo, et devant lequel Giovanni avait proféré son serment de vengeance.

— Qui je suis! dit le jeune homme, qui je suis! Écoute bien : Je suis Giovanni Gualberti, frère d'Hugo, que tu as assassiné il y a aujourd'hui neuf ans. Ce que je veux, je veux que tu aies ma vie ou avoir la tienne.

A ces mots, piquant son cheval des deux, il s'élança l'épée haute contre Lupo; et comme celui-ci, pétrifié par la crainte, était resté immobile à sa place, en deux bonds il se trouva près de l'assassin, qui sentit la pointe de l'épée vengeresse sur sa poitrine.

Alors, se laissant glisser de son cheval, Lupo tomba sur ses genoux, et, saisissant les pieds du jeune homme, il lui demanda grâce.

— Grâce! s'écria Giovanni, grâce! Et lui as-tu fait grâce, à lui, misérable assassin?

Non, non, tu l'as tué sans pitié, sans miséricorde; meurs donc à ton tour sans miséricorde et sans pitié!

A ces mots il leva le bras pour le frapper; mais Lupo fit un tel effort que, d'un seul bond, il se retrouva de l'autre côté du chemin, au pied du crucifix qu'il entoura de ses bras.

— Grâce! s'écria-t-il; au nom du Christ, grâce!

Giovanni éclata de rire, et, étendant son épée vers le crucifix :

— Eh bien! lui dit-il, puisque tu demandes grâce au nom du Christ, que le Christ me fasse connaître par un signe qu'il te pardonne, et je te pardonnerai.

Alors (que le Seigneur Dieu fasse grâce à ceux qui douteront de sa toute-puissance), alors le Christ, qui avait la tête inclinée sur l'épaule droite, releva la tête, et l'abaissa deux fois sur sa poitrine en signe qu'il pardonnait à l'assassin.

A cette vue, Giovanni resta un instant muet et immobile; son épée s'échappa de ses mains; puis, descendant à son tour de cheval, il s'avança les bras ouverts vers Lupo :

— Relève-toi, Lupo, lui dit-il d'une voix douce, et embrasse-moi; car, à l'avenir, puisque le Christ veut que ce soit ainsi, tu me tiendras lieu de mon pauvre frère Hugo que tu as assassiné.

Et à ces paroles il pressa sur sa poitrine le meurtrier tout tremblant, qui n'osait quitter le Christ miraculeux, et qui ne pouvait croire qu'une si profonde miséricorde eût pris si promptement la place d'une si terrible colère. Mais bientôt il n'eut plus de doute; car Giovanni, lui ayant amené lui-même son cheval, lui fit signe de s'en retourner vers Florence, tandis que lui reprendrait la route de San-Miniato.

Son écuyer lui fit observer qu'il oubliait son épée sur la route; il lui dit de la ramasser et de la déposer au pied du crucifix, pour témoigner qu'il renonçait à jamais non-seulement à sa vengeance, mais encore à toucher une arme destinée à donner la mort.

En effet, au lieu de retourner chez son père, Giovanni s'arrêta au couvent de San-Miniato-al-Monte; et, ayant demandé à l'abbé de l'entendre en confession, il lui raconta l'événement qui venait de se passer; il ajouta qu'il se sentait touché de la grâce de Dieu, et qu'il avait résolu de se faire moine.

L'abbé de San-Miniato se rendit à l'instant même au château de Petrojo, où il trouva Gualberti, qui, depuis le départ de son enfant (tant dans le cœur d'un père l'amour l'emporte sur tout autre sentiment), n'avait pas goûté une minute de repos : aussi à peine eut-il aperçu le bon abbé que, croyant qu'il venait lui annoncer la mort de son fils, il se sentit près de défaillir. Mais l'abbé s'empressa de dire à messire Gualberti comment son fils avait rencontré le meurtrier de son frère, comment il avait voulu l'égorger, selon sa promesse, sans pitié ni miséricorde, et comment enfin, sur un signe du Christ, il lui avait pardonné.

Messire Gualberti vivait en une sainte époque, où l'on croyait aux miracles; et, quoiqu'il vît l'espérance de la moitié de sa vie lui échapper, il répéta les paroles qu'il avait dites en apprenant la mort d'Hugo.

— Le Seigneur est grand et miséricordieux! Que le nom du Seigneur soit béni!

Cependant il résolut de tenter un effort suprême pour détourner Giovanni de se faire moine. Giovanni était le seul fils qui lui restât, et en lui s'éteignait sa race si Giovanni prononçait ses vœux. Il partit donc pour San-Miniato avec sa femme. Mais Giovanni avait été trop profondément touché par la grâce pour retourner en arrière : il supplia ses parents de ne point s'opposer à sa vocation; et tout ce que ceux-ci purent obtenir de lui, c'est qu'il ne prononcerait pas ses vœux avant l'âge de vingt et un ans. Ce pauvre père espérait que dans l'intervalle son fils changerait de résolution.

Il n'en fut pas ainsi ; au lieu de chanceler dans la foi, Giovanni s'affermit dans sa vocation, et, le jour même où sa vingt et unième année s'accomplit, il prononça les vœux qui le séparaient à tout jamais du monde. Quelque temps après, Giovanni, ayant donné au couvent l'exemple de toutes les vertus chrétiennes, fut élu abbé de San-Miniato. Ce fut lui qui fonda, sur la place même où était l'ermitage d'Aguabella, l'abbaye de La Vallombreuse. Il y mourut dans une telle odeur de sainteté que Grégoire XII le canonisa, et que Clément VIII introduisit son nom dans le calendrier.

Peu de jours après l'événement que nous venons de raconter, toute la ville de Florence, conduite par l'assassin Lupo, qui marchait pieds nus, ceint d'une corde et la tête couverte de cendres, était agenouillée autour du tabernacle miraculeux. Le clergé en retirait le crucifix miraculeux pour le transporter dans l'église de la Trinité, où on l'adore encore aujourd'hui.

Quant au tabernacle, il resta vide jusqu'en

1839, époque à laquelle le grand-duc Léopold II y fit exécuter la peinture qu'on y voit à cette heure. On y a représenté Giovanni l'épée levée, qui s'apprête à frapper le meurtrier de son frère. Au-dessous de cette peinture est gravée l'inscription suivante :

QUÆ SACRA ASSUMPSIT TEMPUS MONUMENTA PARENTUM,
NUNC REDIMIT PIETAS, REDDIT ET ARTE COLOR;
SIC TANTI VIVAT GUALBERTI UT GLORIA FACTI
SUCCESSOR REPARAT QUÆ MALE TEMPUS AGIT.

ANNO DOMINI MDCCCXXXIX.

CHAPITRE VII.

CAREGGI.

Quelque envie que j'eusse de redescendre de Fiesole par cette belle route que j'avais prise pour y monter, force me fut de me contenter de l'ancien chemin. Je voulais voir la sainte pierre sanctifiée par le martyre de saint Romuald et de ses compagnons; la fameuse villa Mozzi, où devaient être assassinés Laurent et Julien, si tous deux eussent accepté le diner qu'on leur y offrait; les sources de Boccace qui ne coulent plus, je ne sais sous quel prétexte; et enfin les fontaines de Bacio Bandinelli qui coulent si peu que ce n'est pas la peine d'en parler. Ce fut pendant qu'il sculptait, en face de l'auberge des *Trois Pucelles* qui existe encore, ces deux têtes de lion, que Benvenuto Cellini vint à Panco, et lui fit par ses menaces une si grande peur, qu'il fallut lui donner une garde pour qu'il se décidât à les continuer.

Devant l'église Saint-Dominique nous trouvâmes notre voiture, qui était tranquillement descendue par la route de la Noblesse, et qui nous attendait à l'ombre du porche. En un instant nous fûmes à la villa Palmieri, charmante habitation qu'une tradition populaire désigne comme celle où Boccace se retira pendant la peste de Florence, avec cette délicieuse suite de beaux seigneurs et de gentilles femmes qu'il avait rencontrés dans l'église de Santa-Maria-Novella, à Florence, et qui tour à tour, sous de beaux et frais ombrages, racontent les graveleuses nouvelles du Décaméron.

Je dis qu'une tradition populaire indique cette maison comme la retraite de Boccace, attendu que je ne veux pas prendre sur moi la responsabilité d'une affirmation; on l'avait cru, c'est vrai, et cette croyance donnait du pittoresque à la villa Palmieri, déjà fort jolie sans cela. Mais cette tradition à mis martel en tête aux savants florentins ; ils ont fouillé les bibliothèques, compulsé les registres, grignotté les manuscrits, et ils ont fini par découvrir que Boccace n'était pas en Toscane à l'époque de la peste : Boccace était à Rome, dit l'un, et à Venise, dit l'autre. Il est vrai que Boccace dit positivement qu'il était à Florence; mais, selon toute probabilité, c'est Boccace qui se trompe et ce sont les savants qui ont raison. Ne croyez donc pas ceux qui vous diront que la villa Palmieri est la villa du Décaméron.

Décidément c'est une race bien poétique que celle des savants.

Au moins sur Careggi il n'y a pas de doute. C'est bien là que sont morts Côme-le-Vieux et Laurent-le-Magnifique; c'est bien là qu'a été élevé Léon X : aussi on peut visiter la villa Careggi de confiance, — d'autant plus qu'il y a des étiquettes dans les chambres.

Careggi fut bâti par Côme-le-Vieux sur les

dessins de Michellozzo Michellozzi : il y avait alors par toute l'Italie une recrudescence classique, une rage de latin et de grec, et une hydrophobie de littérature nationale. Dante était proscrit une seconde fois : c'était le sort de ce grand roi d'être tantôt régnant, tantôt exilé.

Les Grecs venus de Constantinople et les statues tirées des fouilles romaines avaient opéré ce miracle : puis les mœurs se corrompaient petit à petit ; la morale de la mythologie était plus commode que celle de l'Évangile, et les aventures de Léda, l'enlèvement d'Europe, la séduction de Danaé, peints sur les murs d'une chambre à coucher, étaient de moins sévères témoins de ce qui s'y passait, que la Madone au pied de la croix, ou le repentir de la Madeleine.

Le vieux Côme destina donc Careggi à devenir l'asile de tous les savants proscrits qui chercheraient un toit et du pain. Au contraire de cet âpre escalier de l'exil dont parle Dante, celui qu'il étendit vers eux fut d'un accès facile et doux; et Côme mourut chargé d'ans et de bénédictions, après avoir donné à la peinture et à l'architecture l'impulsion païenne qui a changé le caractère de l'une et de l'autre, et qui les a faites toutes deux magnifiquement copistes au lieu d'être saintement originales.

Laurent hérita des richesses et du goût de son père; bien plus, Laurent renchérit encore sur l'amour de l'antiquité: Laurent fit de jolis petits vers païens que ne se serait jamais permis le sévère arithméticien de la Via Larga; Laurent rassembla autour de lui tous les hellénistes et tous les latinistes de l'époque, les Ermolao Barbaro, les Ange Politien, les Pic de La Mirandole, les Marsilio Ficino, les Michele Mercati; Laurent enfin rétablit à la villa Careggi les séances du jardin d'Académe; et un de ces académiciens ayant découvert que, le 17 novembre de chaque année, les disciples de Platon célébraient à Athènes la naissance de ce grand philosophe, il institua un pareil anniversaire, qui fut célébré chaque année à la villa Careggi à grand renfort de lampions, de musiciens et de discussions philosophiques.

Ces discussions roulaient plus particulièrement sur l'immortalité de l'âme, cet éternel objet de discussion; et ceux qui s'enfonçaient le plus avant dans cet abîme psychologique étaient presque toujours Marsilio Ficino et Michele Mercati; si bien qu'un jour, désespérant de rien apprendre de certain sur un pareil sujet tant qu'ils seraient vivants, ils se firent la promesse positive que le premier des deux qui mourrait viendrait donner à l'autre des nouvelles de son âme. Ce point convenu, les amis furent plus tranquilles.

Mais celui qui devait le premier approfondir ce grand mystère était Laurent-le-Magnifique lui-même. Un matin, il se sentit tout à coup fort indisposé d'une forte fièvre combinée avec une attaque de goutte; il était alors en son palais de Via Larga : il partit aussitôt pour sa belle villa de Careggi, emmenant avec lui un médecin fort en réputation qu'on appelait Pierre Leoni, de Spolète.

Celui-ci vit tout une fortune à faire dans la cure du Magnifique. Il déclara que le malade était atteint d'une indisposition toute particulière qui devait se traiter avec des infusions de perles et des décompositions de pierres précieuses. On ouvrit à l'empirique les trésors de Laurent, il y puisa à pleines mains, ce qui n'empêcha point Laurent d'aller de plus mal en plus mal : ce que voyant le Magnifique, il commença à oublier l'Olympe, les douze grands dieux, Platon, Zénon et Aristote, pour se faire lire l'Évangile et penser quelque peu à son salut.

Mais tout en faisant de petits vers au fleuve Ombrone, tout en commandant des statues à Michel-Ange, tout en donnant des fêtes à Platon, Laurent-le-Magnifique avait fait ou laissé faire une foule de petites choses qui ne laissaient pas que de lui charger la conscience si bien qu'au moment de mourir il pensa à un saint homme qu'il avait fort oublié pendant sa vie, ou auquel il n'avait pensé que pour en rire avec les esprits forts qui l'entouraient. Cet homme était le dominicain Jérôme Savonarole.

Or, Laurent hésita long-temps à l'envoyer chercher, car, à cet homme surtout, il lui coûtait de se confesser. Nos lecteurs le connaissent déjà : c'était, politiquement, un républicain sévère qui eût voulu ramener Florence aux mœurs du douzième siècle ; c'était, religieusement, un moine ascétique qui, passant sa vie dans le jeûne et dans la prière, ne promettait pas d'être plus tendre pour les autres qu'il ne l'était pour lui-même. Du fond de son cloître il avait suivi Laurent dans la double corruption artistique et sociale qu'il avait exercée sur Florence, et du fond de son génie il voyait dans l'avenir l'Italie conquise et Florence asservie. Voilà l'homme qu'au moment de mourir envoyait chercher Laurent.

Le moine arriva grave et sombre, car il pensait bien qu'il allait se passer entre lui et Laurent une de ces scènes d'où dépendent non-seulement la perte ou le salut d'une âme, mais encore l'esclavage ou la liberté d'une nation. Laurent tressaillit au bruit de ses sandales, puis fit passer dans l'appartement à côté du sien, c'est-à-dire dans la chambre où était mort son père Côme-le-Vieux, Politien et Pic de la Mirandole, qui causaient au chevet de son lit. A peine furent-ils sortis par une porte, que l'autre porte s'ouvrit et que le moine entra.

Savonarole s'approcha du lit du moribond, fixant sur lui son regard perçant; et dans ce regard Laurent lut comme dans un livre tout ce qui se passait dans le cœur du moine.

— Mon père, dit-il, je vous ai envoyé chercher, ayant été touché de la grâce du Seigneur, et ne voulant recevoir l'absolution que de vous.

— Je ne suis qu'un pauvre moine, répondit Savonarole, mais c'est à un plus pauvre que moi encore que le Seigneur a dit : Ce que vous délierez sur la terre sera délié dans le ciel.

— Je puis donc espérer que le ciel me pardonnera, mon père? demanda Laurent.

— Oui, le ciel te pardonnera, dit le moine; oui, je me fais garant de sa miséricorde, dit le prophète; mais à trois conditions, entends-tu bien, Laurent.

— Et ces trois conditions, quelles sont-elles? demanda le moribond.

— La première, c'est que tu feras profession de foi avant que de mourir.

— Oh! cela bien volontiers, mon père, s'écria Laurent, et soyez témoin et garant que je meurs dans la foi catholique, apostolique et romaine.

— La seconde, continua Savonarole, c'est que tu rendras tout le bien que, dans tes banques et dans tes usures, tu auras injustement gagné ou retenu.

Laurent hésita quelques minutes; puis, faisant un effort sur lui-même :

— Eh bien! dit-il, il sera fait comme vous le désirez, mon père; je n'aurai pas le temps de faire cette restitution moi-même, mais je donnerai l'ordre qu'elle soit faite après moi.

— La troisième, reprit l'enthousiaste, la troisième, c'est que tu rendras la liberté à Florence, et que tu remettras la république dans le même état d'indépendance où ton père l'a prise.

Il se fit une contraction terrible sur la figure du mourant; puis enfin, surmontant toute crainte.

— Jamais, s'écria Laurent, jamais; il en sera de mon âme ce que Dieu ordonnera, mais je ne détruirai pas d'un mot l'œuvre de trois générations; les Médicis seront ducs de Florence.

— C'est bien, dit le prophète, je savais d'avance ce que tu me répondrais; c'est bien, meurs damné, et que les choses résolues dans la sagesse du Seigneur s'accomplissent en la terre comme au ciel.

Et il sortit sans ajouter un mot à sa menace, et sans que de son côté Laurent fît un geste pour le rappeler.

Lorsque Politien et Pic de La Mirandole rentrèrent dans la chambre du moribond, ils le trouvèrent tenant entre ses bras un Christ richement sculpté qu'il venait d'arracher de la muraille, et dont il baisait les pieds avec les étreintes puissantes de l'agonie.

Deux heures après Laurent était mort, sans qu'il eût fait autre chose que de prier depuis le moment où Savonarole l'avait quitté jusqu'au moment où il avait rendu le dernier soupir.

Un assassinat singulier suivit cette mort. Nous avons dit que Laurent avait pour médecin un certain Leoni de Spolette. A peine le bruit que Laurent venait d'expirer se fut-il répandu, que le médecin, craignant qu'on ne lui fît quelque mauvais parti, essaya de s'enfuir; mais déjà de terribles soupçons s'étaient répandus sur lui, et sur un mot de Pierre de Médicis, fils de Laurent, les serviteurs du Magnifique se jetèrent sur ce malheureux et le précipitèrent dans un puits.

La mort de Laurent fut un signal de deuil

pour toute l'Italie. Machiavel, qu'on n'accusera pas d'enthousiasme pour les puissants de ce monde, la regarde comme le signal des malheurs qui devaient fondre non-seulement sur Florence, mais sur la Péninsule tout entière, et, comme Virgile au temps de César, raconte les prodiges qui l'accompagnèrent.

Un de ces prodiges, le plus miraculeux de tous, est sans contredit celui que nous allons dire, et qui est constaté par le récit des témoins oculaires et par une date antérieure aux événements qu'il prédisait.

Laurent avait pour familier de sa maison un certain Cardiere, musicien et improvisateur, qu'il faisait ordinairement venir le soir quand il était couché, et qui le distrayait en chantant sur son luth. Cet homme avait ses entrées à toute heure près du Magnifique; mais depuis que la maladie de Laurent avait pris un caractère sérieux, on avait éloigné de lui cet homme que l'on regardait comme un bouffon. La nuit qui suivit la mort de Laurent, Cardiere était couché, lorsqu'il entendit ouvrir la porte de sa chambre, qu'il vit venir à lui un spectre qu'il reconnut pour celui de Laurent; il était vêtu de noir, avait le visage triste et un manteau déchiré. Cardiere, frappé de terreur, ouvrit la bouche pour appeler; mais le spectre lui fit signe de se taire, et d'une voix lente et sourde, que cependant le musicien reconnut bien pour être celle de son maître, il lui ordonna d'aller prévenir Pierre, son fils, que de grands malheurs le menaçaient lui et sa famille, et qu'entr'autres malheurs il devait se préparer à un prochain exil; puis, cette recommandation achevée, le spectre s'évanouit sans que Cardiere pût voir par où il avait disparu.

Le pauvre improvisateur se trouvait dans une singulière position; il connaissait Pierre pour un jeune homme d'un caractère brutal et emporté qui, s'il prenait mal l'avis, pouvait l'envoyer rejoindre Leoni de Spolette. Or, ayant tout bien pesé, et ayant reconnu qu'il avait encore plus peur du vivant que du mort, il résolut du moins, jusqu'à nouvel ordre, de garder l'avis pour lui seul. D'ailleurs au bout de quelques jours, en y mettant de la bonne volonté, Cardiere était parvenu à se faire accroire à lui-même qu'il avait été dupe de quelque erreur de sens, et que la prétendue apparition n'avait jamais existé que dans son esprit.

Mais Cardiere ne devait pas en être quitte ainsi : une nuit, sa porte s'ouvrit de nouveau, le même spectre s'avança de son pas muet, puis de la même voix lente et sombre, mais avec le feu de la colère dans les yeux, il lui répéta la même prédiction et lui renouvela le même ordre. Mais cette fois, et pour que l'improvisateur ne prît pas ce qu'il voyait pour un jeu de son imagination, le spectre ajouta à la recommandation un vigoureux soufflet; après quoi, comme la première fois, le spectre sembla se dissoudre et disparut en fumée.

Cette fois, Cardiere résolut de ne plus plaisanter avec son ancien patron : il passa la nuit en prières, et, le jour venu, il courut chez Michel-Ange Buonarotti, qui était encore à cette époque un jeune homme de dix-sept ans; et, comme il savait que Laurent avait eu une grande amitié pour lui, et que lui, de son côté, conservait une grande reconnaissance à Laurent, il lui raconta ce qui s'était passé. Michel-Ange lui donna le conseil d'aller tout dire à Pierre de Médicis.

Cardiere était à Florence; il sortit aussitôt de la ville et prit la route de la villa Careggi. A moitié chemin, il vit venir une troupe de cavaliers, se composant de belles dames et de jeunes seigneurs, au milieu desquels il reconnut Pierre de Médicis. Alors il s'avança vers le jeune homme, lui disant que, s'il voulait bien rester un instant à l'écart avec lui, il avait des choses de la plus haute importance à lui communiquer. Mais Pierre de Médicis, croyant que c'était pour le prier de le conserver près de lui au même titre et aux mêmes conditions qu'il était chez son père, lui dit de parler tout haut, attendu qu'il n'avait pas de secrets pour l'honorable compagnie avec laquelle il se trouvait. Cardiere insista alors avec tout le respect possible; mais comme il vit que le rouge montait au visage de Pierre et que celui-ci lui ordonnait impérativement de dire tout haut ce qu'il avait à dire, alors il n'hésita point davantage, et raconta les deux apparitions telles qu'elles s'étaient passées, ainsi que les prophéties du spectre. Mais ces prophéties n'eurent d'autre résultat que de faire rire aux éclats Pierre et sa suite; et Bernardo Dovizio, qui fut depuis le cardinal Bibbiena, pensant que toute cette histoire n'était qu'une invention de Cardiere pour se donner de l'importance, lui demanda comment il se faisait que Laurent, au lieu d'apparaître directement à son fils, avait été choisir pour son intermédiaire un misérable joueur de luth comme lui. Cardiere répondit que la chose était trop inexplicable pour qu'il essayât même de lui chercher une explication; qu'il avait dit la vérité, toute la vérité, rien que la vérité, et que c'était à Pierre à croire ou à ne pas croire, et dans l'un ou l'autre cas à agir comme bon lui semblerait.

Pierre de Médicis continua son chemin, en disant à Cardiere qu'il le remerciait de sa peine, et qu'il prendrait en considération un avis qui lui venait par un si recommandable ambassadeur.

Mais, comme on le comprend bien, Pierre de Médicis avait oublié dès le même soir, dans une de ces orgies qui lui étaient si habituelles, la recommandation et celui qui la lui avait faite.

Quatre ans après, la prédiction du Magnifique s'accomplit : Charles VIII traversa les Alpes, et Pierre de Médicis et sa famille furent chassés de Florence, où ils ne rentrèrent que dans la personne du duc Alexandre.

Mais ce n'est pas tout; puisque nous en sommes aux revenants, reprenons l'histoire de Michele Mercati et de Marsilio Ficino où nous l'avons laissée.

Les deux amis, on se le rappelle, après une longue et profonde discussion sur l'immortalité de l'âme, s'étaient promis que le premier qui mourrait viendrait donner à l'autre des nouvelles de la mort. Ce fut Marsilio Ficino qui paya le premier le tribut de l'humanité; il trépassa en 99 à la villa Careggi, où il avait continué de demeurer même après la mort de Laurent.

Pendant ce temps, Michele Mercati était à San-Miniato al Monte, où il achevait un travail dont il était occupé depuis trois ans.

Or, le soir même de la mort de Marsilio Ficino, comme à la lueur d'une lampe il veillait courbé sur son manuscrit, il entendit le galop d'un cheval qui allait sans cesse se rapprochant. Arrivé devant la maison qu'il habitait, le galop s'arrêta, puis il entendit le bruit de trois coups frappés à intervalles égaux par le marteau de la porte ; et malgré lui, à ce bruit inattendu, il tressaillit de tout son corps.

Alors, comme il était tout ému de crainte sans savoir d'où lui venait cette émotion, il alla ouvrir sa fenêtre, et vit à la porte un cavalier arrêté : il était monté sur un cheval blanc, était drapé dans un linceul comme dans un manteau, et tenait la tête levée, attendant que Michele Mercati ouvrît la fenêtre.

Dès que la fenêtre fut ouverte le cavalier cria trois fois : —Elle est ! elle est ! elle est !—

puis il repartit au galop et disparut au bout de la rue opposé à celui par lequel il était venu.

C'était l'esprit de Marsilio Ficino qui venait s'acquitter de sa promesse, et annoncer à Michele Mercati que son âme était immortelle.

Aujourd'hui, quoique distraite du domaine de la couronne et appartenant à un simple particulier, M. Orsi, la villa bâtie par Côme l'Ancien, la maison favorite de Laurent-le-Magnifique, l'Académie platonicienne du quinzième siècle est conservée avec un religieux respect, dans son ancienne distribution. A gauche en entrant, sous l'impluvium, que dans son amour pour l'antiquité Côme avait fait bâtir tout autour de la cour intérieure, est le puits où se précipita, ou plutôt où fut précipité le malheureux Leoni de Spolette. — Au premier étage, à droite du grand salon, est la chambre où après la scène que nous avons racontée entre lui et Savonarole expira Laurent-le-Magnifique; la chambre qui suit est celle où mourut son grand-père Côme-le-Vieux; enfin la terrasse entourée de colonnes et au plafond peint à fresques dans le goût des loges Vaticanes, est la même où se rassemblait l'Académie platonicienne, et où l'hôte splendide du lieu célébrait, entouré de Politien, de Pic de La Mirandole, d'Ermolao Barbaro, de Michele Mercati et de Marsilio Ficino, l'anniversaire de la naissance du philosophe dont ils avaient fait leur Dieu.

A l'entrée du jardin sont deux statues de nains, dont les originaux étaient sans doute, avec le joueur de luth Cardiere, destinés à distraire la docte assemblée; l'un est monté sur un limaçon, l'autre chevauche sur un hibou; tous deux sont hideux à voir, avec leur grosse tête rattachée à leur petit corps par un cou qui semble n'avoir pas la force de la porter.

Le jardin, avec ses allées en mosaïques qui représentent une chasse, de temps en temps interrompues par des écussons chargés des boules rouges des Médicis, a conservé son classique dessin et sa forme académique. A son extrémité sont deux bosquets de lauriers touffus, dans l'épaisseur desquels on a pratiqué des espèces de salles de verdure, rafraîchies par des fontaines : il est vrai que dans les grandes chaleurs de l'été les malheureuses naïades subissent la loi commune aux déesses des eaux étruriennes, leurs sources se dessèchent, et elles n'ont plus d'eau que celle dont le jardinier les gratifie à grand renfort de seaux et d'arrosoirs.

Ce jardinier, qui porte le nom bucolique de Nicoletto, est un descendant du jardinier de Laurent de Médicis.

La villa de Careggi, toute meublée, avec ses riches souvenirs, une vue magnifique qui domine Florence, et un air toujours frais, même au milieu de l'été, se loue cent sequins, c'est-à-dire onze à douze cents francs par an.

CHAPITRE VIII.

POGGIO A CAJANO.

Poggio a Cajano est situé à dix milles à peu près de Florence, sur le point culminant de la route qui conduit à Lucques, de sorte que ses trois façades offrent toutes trois une charmante vue, l'une sur Florence et les maisons de campagne qui l'entourent, l'autre sur les montagnes et les villages dont elles sont semées, la troisième enfin sur Prato-Pistoya-Sesto et tout le val d'Arno inférieur.

Poggio a Cajano fut bâtie par Laurent-le-Magnifique, dont, à propos de Careggi, nous avons déjà raconté les goûts classiques et l'étrange fin. Il en avait acheté le terrain de la maison Cancellieri de Pistoja, maison fameuse dans les troubles civils de l'Italie. Les ruines qu'il déblaya pour jeter les fondements de la villa actuelle étaient, assure-t-on, les restes d'un château bâti par la famille romaine des Caïus. De là le nom de Rus Cajanum qu'il avait porté d'abord, de villa Cajana qu'il reçut ensuite, et de Poggio a Cajano que lui donna définitivement son dernier propriétaire.

Laurent-le-Magnifique, séduit par la position délicieuse du terrain, voulut faire de Poggio à Cajano sa résidence chérie; il appela près de lui ce qu'il y avait de mieux alors en architectes et en peintres, et leur demanda à chacun un plan; celui de Giuliano Giamberti, appelé plus communément San-Gallo, prévalut: seulement Laurent voulut qu'il appropriât un escalier extérieur dont le dessin avait été fait par Étienne d'Ugolino, peintre suédois, et grâce auquel on pouvait monter à cheval jusqu'au haut du perron. Ce ne fut pas tout, Laurent désira que le plafond du salon, au lieu d'être plat, fût fait en cercle, ce que rendaient très-difficile sa largeur et sa longueur; mais comme San-Gallo bâtissait alors pour lui-même une maison à Florence, il essaya pour son propre compte une voûte pareille, et, ayant complétement réussi, il entreprit aussitôt celle du salon de Poggio a Cajano, qu'il mena à bien comme on peut voir. Plus tard, et après la mort de Laurent, Léon X fit exécuter dans ce salon les magnifiques fresques du Franciabigio, du Portormo et d'André del Sarto, qu'on va y admirer encore aujourd'hui, et qui n'ont d'autre tort que de représenter des allégories ou des sujets d'un intérêt fort médiocre.

A peine Poggio a Cajano fut-il bâti que Laurent-le-Magnifique s'y rendit avec toute sa cour de poètes, de docteurs et de philosophes, et se livra plus que jamais à ses réunions académiques et à ses discussions platoniciennes. Bientôt même un sujet se présenta à Laurent d'exercer toute sa verve poético-mythologique. Un de ces filets d'eau qu'on décore du nom de fleuves en Italie, et qui après avoir été du gravier humide l'été, deviennent des torrents fangeux l'hiver, traversait les jardins de Poggio a Cajano. Au milieu de son cours s'élevait une charmante petite île, fort embellie par les soins de Laurent, dans laquelle, aux mois d'octobre, novembre et décembre, on se rendait en bateau, et qu'en juin, juillet et août on gagnait tranquillement à pied sec. Enfin, quels qu'ils fussent, le fleuve et l'île avaient reçu chacun un nom des plus harmonieux: le fleuve s'appelait Ombrone, l'île s'appelait Ambra.

Un matin, on ne retrouva plus l'île. Il avait beaucoup plu pendant la nuit; l'Ombrone avait grossi, et, en grossissant, il avait emporté on ne sait où la pauvre Ambra. On la chercha long-temps, on ne la retrouva jamais, et oncques depuis elle ne reparut.

C'était là, comme on le voit, un charmant sujet de bucolique; aussi l'Arcadien Laurent ne le laissa-t-il point échapper. L'île fut transformée en nymphe bocagère, l'Ombrone en satyre lascif; trente vers furent consacrés à l'exposition, cinquante vers à la lutte de la

Pudeur contre la Luxure, dix vers à une invocation à Diane, vingt vers à la métamorphose de la pauvre Ambra en rocher, quatre vers aux remords du fleuve ravisseur; et l'Italie, comme on dit en style de la Crusca, s'enorgueillit d'un poème de plus.

Laurent mourut, nous avons dit comment: selon toute probabilité, du fait de son fils Pierre, qui était pressé de se faire chasser de Florence, comme un drôle qu'il était. Poggio a Cajano resta dans la famille Médicis; mais la famille Médicis était exilée, c'est-à-dire que Poggio a Cajano resta vide.

Lorsque Charles-Quint vint, en 1536, de Naples à Florence pour y assurer de son mieux le pouvoir du duc Alexandre, qu'il venait de fiancer à sa fille naturelle, Marguerite d'Autriche, il resta un jour à Poggio a Cajano. Pendant cette journée, on s'occupa à lui en faire voir toutes les beautés; rien ne lui fut épargné, ni la voûte de San-Gallo, ni les fresques du Portormo et d'Andrea del Sarto, ni les jardins, ni l'Ombrone, ni la place où était l'Ambra. Puis, au moment de son départ, comme il avait paru regarder toutes ces choses avec le plus grand intérêt, on lui demanda quelle chose l'avait le plus frappé entre toutes ces merveilles.

— Que les murailles de cette maison sont bien fortes pour un simple particulier, répondit l'empereur.

Trois ans après, les portes de Poggio a Cajano s'ouvrirent pour un autre homme, qui eût été un autre Charles-Quint s'il y eût eu deux empires. Cet homme était Côme Ier, monté sur le trône à la mort de son cousin Alexandre; il y faisait une halte de cinq jours avec sa jeune femme, Éléonore de Tolède, qu'il venait d'épouser à Pise. Ces cinq jours se passèrent en fêtes continuelles, dont la nouvelle mariée fut la reine; puis elle entra à Florence par la Porta al Prato, la même par laquelle, vingt-trois ans plus tard, son cercueil devait rentrer entre le cercueil de ses deux fils.

On se rappelle ce que nous avons raconté du cardinal Jean, tué par son frère; de don

Garcia, tué par son père; et d'Éléonore de Tolède, se laissant mourir de faim entre les cadavres de ses deux enfants.

Puis mourut Côme Ier, et Poggio a Cajano fut le témoin, sinon de nouvelles fêtes, du moins de nouveaux plaisirs. Le grand-duc François, d'amoureuse mémoire, y venait souvent avec Bianca Capello: ce fut là que le 7 octobre le grand-duc et la grande-duchesse donnèrent au cardinal Ferdinand ce fameux dîner de réconciliation, à la suite duquel moururent les deux époux. Nous avons encore raconté cette scène ailleurs; or, comme on pourrait nous accuser de répétition, nous prendrons la liberté de renvoyer nos lecteurs à *Une année à Florence*, où ils trouveront le fait narré dans les plus grands détails.

Quelque temps auparavant, Poggio a Cajano avait été témoin d'un événement non moins tragique: Bianca Cappello, qui était coutumière du fait, ayant empoisonné le seul fils que François eût eu de sa femme, Jeanne d'Autriche, par l'entremise d'une juive qui était près de l'enfant ; le grand-duc, après avoir fait avouer à la juive le crime qu'elle avait commis, la poignarda de sa propre main.

Ces deux événements jetèrent, comme on le comprend bien, une certaine défaveur sur la villa de Laurent-le-Magnifique. Aussi près d'un demi siècle se passe sans que le nom de Poggio a Cajano soit prononcé par l'histoire; lorsqu'il y reparaît, les temps sont changés, l'époque tourne à la comédie : nous y avons vu s'accomplir un acte de Shakspeare, nous allons voir s'y passer une scène de Molière.

Je vous ai raconté les aventures du malheureux Côme III, et comment il fut tourmenté dans son ménage par cette extravagante Marguerite d'Orléans, qui ne se tenait tranquille que lorsque le prince Charles de Lorraine passait par hasard à Florence, mais qui, dès qu'il était parti, recommençait ses fredaines, courait les terres labourées pour se faire avorter, et s'engageait avec des bohémiens plutôt que de rester près de son époux au palais Pitti. Enfin le scandale devint si grand que Louis XIV et le grand-duc Ferdinand II s'en mêlèrent, et qu'on envoya la princesse récalcitrante en exil à Poggio a Cajano, espérant que la solitude amènerait la réflexion.

Malheureusement Marguerite d'Orléans possédait un de ces charmants caractères d'autant plus curieux à étudier qu'ils sont, j'aime à le croire, assez rares chez les femmes, mais grâce auxquels celles qui le possèdent passent leur vie non-seulement à se tourmenter, ce qui est leur droit individuel, mais à tourmenter les autres, ce qui dépasse les limites du droit commun. Or comme la douceur n'avait pu rien sur la jeune duchesse, on comprend si la sévérité échoua. Marguerite d'Orléans n'était jusque-là que méchante, volontaire et capricieuse : elle devint presque folle; et quand son mari et son beau-père vinrent la visiter pour s'assurer par eux-mêmes de l'effet produit, elle menaça le pauvre Côme de lui jeter au visage ce qu'elle trouverait sous sa main s'il avait le malheur de se présenter jamais devant elle. Côme, qui n'était pas brave, se sauva comme si le diable l'emportait, et revint au palais Pitti avec le grand-duc Ferdinand.

Trois ou quatre mois se passèrent pendant lesquels Marguerite resta ainsi à Poggio a Cajano, bouleversant tout, rayant les peintures, cassant les meubles, désorganisant les jardins, faisant damner ses serviteurs. Enfin un beau jour elle se calma tout à coup, son visage reprit un caractère d'affabilité et de bonne humeur qui faisait plaisir à voir. Elle demanda au duc Ferdinand une entrevue que celui-ci lui accorda aussitôt, et dans cette entrevue elle exprima à son beau-père un tel regret sur ses folies passées, elle lui fit de si belles promesses sur sa conduite à venir, elle s'engagea si formellement à faire oublier au pauvre Côme cet avant-goût de l'enfer qu'elle lui avait donné en ce monde, que Ferdinand s'y laissa prendre et promit d'obtenir de son fils qu'il lui pardonnât. Côme, qui était la bonté en personne, non-seulement fit ce que lui demandait son père, mais encore il courut en personne chercher l'exilée à Poggio a Cajano, et la ramena tout joyeux à Florence.

Le surlendemain, le prince Eugène de Lorraine vint faire une visite à son cousin Côme III et demeura trois mois logé au palais Pitti.

Pendant ces trois mois, Marguerite d'Orléans fut d'une humeur charmante, jamais on n'aurait pu comprendre que cet ange de douceur fût le démon qui, depuis trois ou quatre ans, mettait le trouble dans la famille; tout le monde se félicitait de ce changement lorsque, les trois mois que Charles de Lorraine devait passer à Florence s'étant écoulés, le jeune prince prit congé de ses hôtes et partit.

Huit jours après, Marguerite d'Orléans était redevenue un diable et le palais Pitti un enfer.

Boggio a Cajano avait si bien réussi lors de la première crise, qu'on résolut de tâter du même remède à la seconde : Marguerite fut renvoyée sur les bords de l'Ombrone, et on l'invita à chercher au milieu du silence de ses rives les mêmes sages réflexions qui l'avaient déjà corrigée une première fois.

Malheureusement les choses étaient changées : le prince Charles de Lorraine était retourné en France; Marguerite d'Orléans résolut de faire tant et si bien qu'on l'y envoyât le rejoindre.

Alors les extravagances recommencèrent; mais comme le jeune grand-duc paraissait y faire une médiocre attention, Marguerite résolut de le forcer à s'occuper d'elle en lui écrivant : elle remit donc un beau jour à son chambellan la lettre suivante et en le chargeant de la porter au palais Pitti et de la rendre au duc Côme lui-même :

« J'ai fait ce que j'ai pu jusqu'à présent pour gagner votre amitié et je n'ai pu y réussir, quoique j'aie d'autant plus eu de complaisance envers vous que vous avez montré plus de mépris pour moi. Depuis long-temps je m'efforce de toutes les façons possibles à supporter ces mépris sans me plaindre, mais une plus longue patience me devient impossible, et voilà pourquoi je prends enfin une résolution qui ne devra point vous surprendre, si vous voulez bien réfléchir aux mauvais traitements que vous me faites supporter depuis douze ans. Je vous déclare donc que je ne puis plus vivre avec vous; vous faites mon malheur et je fais le vôtre. Je vous prie en conséquence de consentir à une séparation qui portera le calme dans votre conscience et dans la mienne. Je vous enverrai mon confesseur afin qu'il s'entende avec vous, et j'attendrai ici les ordres du roi, que j'ai supplié de me permettre d'entrer dans un couvent de France ; grâce que je vous demande à vous-même, promettant, si vous voulez bien me l'accorder, d'oublier entièrement le passé. Ne vous inquiétez pas de ma conduite à venir ; mon cœur est ce qu'il doit être, c'est-à-dire assez haut pour qu'il ne vous donne pas la crainte de me voir faire des choses indignes de vous et de moi, attendu que j'aurai toujours devant les yeux l'amour de Dieu et l'honneur du monde. Je vous propose cela parce que je crois que c'est le moyen le plus sûr de nous rendre le calme et la tranquillité à tous deux pour tout le reste de notre vie.

» Je vous recommande nos enfants. »

Cette lettre bouleversa le duc Côme : il était difficile de voir plus d'impudence présider à une détermination plus scandaleuse. Il essaya donc encore par tous les moyens de ramener la duchesse à lui ; mais voyant qu'il n'y pouvait réussir, il consentit à sa demande, la fit reconduire à Marseille, lui assura une rente viagère de quatre-vingt mille francs, et, sur sa demande, l'autorisa à entrer dans le couvent de Montmartre.

La princesse Marguerite avait cru que son engagement de demeurer dans un couvent ne serait plus, arrivée en France, qu'une obligation à laquelle elle échapperait facilement ; elle fut donc fort étonnée lorsqu'elle reçut à la fois de Florence et de Versailles, de Côme III et de Louis XIV, l'injonction de se tenir loin de la cour et de vivre dans la retraite la plus absolue. Ce n'était pas là-dessus qu'avait compté la grande-duchesse. Aussi, bien vite lassée qu'elle fut de la vie claustrale, demanda-t-elle à aller demeurer chez sa sœur, qui habitait le palais du Luxembourg : cette demande lui fut refusée.

Alors la princesse s'avisa d'un expédient tout simple et qu'elle s'étonna de ne point avoir trouvé plus tôt.

C'était de mettre le feu au couvent.

Les trois quarts de l'abbaye y passèrent ; mais cet accident rendit quelques jours de liberté à la pauvre recluse, laquelle en profita pour adresser à son mari la dépêche suivante. Les amateurs de romans par lettres nous sauront gré, nous l'espérons, de ces deux échantillons du style épistolaire de la fille de Gaston d'Orléans.

« Décidément je ne puis plus supporter vos extravagances : vous faites tout ce que vous pouvez contre moi près du roi Louis XIV ; vous me défendez d'aller à la cour, et en me faisant cette défense, non-seulement vous empirez mes affaires et les vôtres, mais encore vous perdez l'avenir de vos fils. Vous me poussez à un tel état de désespoir qu'il n'y a pas de jour où je ne souhaite non-seulement vous voir mourir, mais encore vous voir mourir pendu. Vous m'avez réduite à un tel état de rage continuelle que je n'ose plus recevoir les sacrements, et qu'ainsi vous serez cause que je me damnerai et que ma damnation entraînera la vôtre, attendu que qui perd une âme ne peut ni ne doit espérer de sauver la sienne. Mais au milieu de tout cela, ce qui fait mon plus grand chagrin, ce n'est pas précisément d'aller en enfer, mais d'y aller en votre compagnie; ce qui fait qu'après avoir eu le tourment de vous voir en ce monde j'aurai encore celui de vous voir dans l'autre. Si, au lieu de vous opposer à toutes mes demandes, vous m'aviez laissée me retirer tranquillement au Luxembourg près de ma sœur, qui est une sainte (1), je me serais laissée aller tout doucement à la dévotion, ce qui m'eût été facile; car je commençais à me faire instruire dans les obligations que nous avons envers notre Seigneur Jésus-Christ, à telles enseignes que, pendant le voyage que je fis à Alençon avec ma sœur, j'avais presque pris déjà la résolution de me faire religieuse dans un hôpital;

(1) Il est ici question de mademoiselle de Montpensier, dite la grande Mademoiselle, maîtresse de Lauzun. Nous l'indiquons à nos lecteurs, qui ne l'auraient peut-être pas reconnue sous l'épithète de sainte que lui donne sa sœur.

car quiconque vous interrogerez vous dira que pendant ce voyage, et tout le temps que je demeurai dans cette ville, je passais mes matinées à soigner les malades et le reste de mes journées à visiter les religieuses de la Charité, faisant tout ce qu'elles faisaient sans dégoût et sans ennui. Mais aujourd'hui tout est changé; je ne veux plus penser à faire le bien, mais à me jeter dans le mal, et vous me faites si désespérée que je sens que je n'aurai pas un instant de repos que je ne me sois vengée. Changez donc de manière d'être vis-à-vis de moi; il est temps, je vous en préviens; car, dussé-je signer un pacte avec le diable pour vous rendre fou de rage, je le signerai : toutes les extravagances qu'une femme peut faire et que, malgré tout son pouvoir, un mari ne peut empêcher, je les ferai. Ainsi, croyez-moi, écrivez purement et simplement au roi que vous ne voulez plus vous inquiéter ni de moi ni de ce que je ferai; laissez-le me gouverner à sa manière sans tenter de me gouverner à la vôtre, et remettez-vous-en de tout ce que je ferai à Sa Majesté et à sa prudence : si vous faites cela, je vous promets d'essayer de me remettre bien avec Dieu ; mais si vous ne le faites pas, attendez-vous à recevoir de promptes nouvelles de ma colère et de ma vengeance, attendu, voyez-vous, que de me soumettre jamais il n'y faut pas penser. Vous croyez, m'a-t-on dit, me ramener à retourner à Florence ; si vous avez jamais eu cet espoir, je vous invite à le perdre ; cela ne réussira point, et si cela réussissait, malheur à vous, car, je vous le jure, vous ne péririez que de ma main. Vous pouvez donc, dans ce cas, vous préparer à décamper de ce monde, et cela lestement. Ainsi, croyez-moi, ne changez rien à notre situation respective que pour améliorer la mienne de la manière que je vous dis, afin que lorsque vous serez mort, ce qui, au reste, ne peut tarder bien long-temps, je fasse au moins quelquefois une prière pour votre âme, et que je puisse soutenir près du roi l'avenir de vos fils que vous avez ruiné. Ainsi donc, assez comme cela ; car, en voulant m'empêcher de marcher de travers, c'est vous que je ferai marcher droit ; et vous serez pareil à ceux qui viennent pour donner un charivari et qui, au lieu de le donner, le reçoivent. Maintenant vous voilà averti, c'est votre affaire et non la mienne. Quant à moi, je n'ai plus rien à perdre désormais, ayant depuis long-temps désespéré de tout. »

Les espérances de la princesse Marguerite furent trompées, car Côme III vécut encore quarante-deux ans après cette lettre, et ce fut sa femme qui le précéda de deux années dans la tombe.

Nous avons raconté plus haut comment, Dieu ayant étendu la main sur les Médicis pour leur faire signe qu'ils avaient assez régné, le désordre, le libertinage et la stérilité se mirent dans cette malheureuse race. Ferdinand, fils de Côme III, épousa Violente de Bavière; mais, comme au bout de quelques années il fut reconnu que la princesse ne pouvait devenir mère, son mari la prit en dégoût, et, pour se séparer d'elle, s'en vint habiter Poggio à Cajano. Là il rassembla des favoris et des maîtresses, et parmi ces favoris et ces maîtresses étaient un soprano et une prima dona qu'il affectionnait particulièrement : le soprano se nommait Francesco de Castrès, et la prima dona, qui était une jeune et belle virtuose venitienne, s'appelait Vittoria Bombagia.

Alors, au lieu d'être témoin des catastrophes qui terminèrent le règne de François Ier ou des démêlés conjugaux qui désolèrent celui de Côme III, Poggio a Cajano redevint, comme au temps de Laurent-le-Magnifique et de Côme Ier, un lieu de plaisirs et de fêtes : c'étaient chaque jour bals, chants, spectacles; malheureusement tous ces plaisirs éloignaient de plus en plus le jeune duc Ferdinand de sa femme. Aussi le grand-duc Ferdinand résolut-il de faire tout ce qu'il pourrait pour y mettre une fin, excité qu'il était chaque jour par les jalouses récriminations de Violente de Bavière.

Une idée vint alors au grand-duc; elle lui fut suggérée on ne sait par qui; c'était de mettre aux prises les deux favoris et de les détruire, si la chose était possible, l'un par l'autre.

La chose n'était pas difficile; il y a une

pomme de discorde qui, jetée au milieu des artistes, ne manque jamais de produire son effet : c'est l'amour-propre blessé. Le grand-duc s'arrangea de manière à ce que, pendant trois ou quatre concerts et deux ou trois représentations théâtrales, la Bombagia fût applaudie et le Francesco de Castrès sifflé. Comme cela devait naturellement arriver, le soprano accusa la prima dona d'intrigue ; et un beau jour que ces deux importants personnages dînaient à la même table, s'étant pris de dispute à l'endroit de leur talent respectif, et la Bombagia ayant dit un mot piquant à de Castrès, celui-ci lui envoya au travers de la figure un pain de trois ou quatre livres qui se trouvait auprès de lui. A cette insulte, comme on le pense bien, la virtuose quitta la salle et courut, le visage tout couvert de larmes et de sang, se jeter aux pieds de Ferdinand, qui, la voyant dans ce déplorable état, lui promit une prompte vengeance. En conséquence il la pria de se retirer dans sa chambre; et, feignant de tout ignorer, il fit, une heure après la scène que nous avons racontée, venir près de lui le coupable, et, sans lui rien laisser soupçonner de sa colère contre lui, il lui remit une lettre et lui ordonna de porter immédiatement cette lettre à son premier chambellan Torregiani, lequel était à Florence au palais Pitti. Le soprano, qui ignorait de quelle commission il était chargé, partit aussitôt sans avoir aucun soupçon, et aussitôt son arrivée à Florence s'empressa, pour obéir aux recommandations du prince, de porter cette lettre à son adresse. Torregiani la décacheta et vit, à son grand étonnement, qu'elle contenait l'ordre de lier les pieds et les mains au seigneur Francesco de Castrès, de le jeter dans une charrette, et de le faire conduire immédiatement hors des frontières de Toscane, avec défense, sous peine de la vie, d'y rentrer jamais. Le chambellan ne savait pas ce que c'était que de discuter un ordre du prince; il fit entrer deux soldats, leur livra le chanteur, qui, convenablement ficelé des pieds à la tête, fut reconduit jusqu'aux limites des états pontificaux, avec permission d'aller en avant tant que bon lui semblerait, mais avec défense de jamais revenir en arrière. L'invitation était positive; aussi produisit-elle un tel effet sur le pauvre soprano, dont le courage n'était pas la qualité essentielle, qu'il courut tout d'un trait jusqu'à Rome, où, quelques jours après, il mourut des suites de sa peur.

Là se termine l'histoire politique, pittoresque et scandaleuse de Poggio a Cajano, qui, à l'extinction de la branche des Médicis, passa, comme les autres biens de la couronne, entre les mains de la maison de Lorraine.

Aujourd'hui il appartient à son altesse le grand-duc Léopold, qui l'habite un ou deux mois de l'année, et qui, tout le reste du temps, l'abandonne avec sa bonté ordinaire à la curiosité des étrangers qui viennent y chercher la trace des différents événements que nous avons racontés.

CHAPITRE IX.

QUARTO.

Quarto n'est ni un palais ni un château, c'est une simple villa. Quarto n'a ni vieilles traditions, ni légende gothique. L'illustration de Quarto est contemporaine; ses souvenirs dateront de l'époque actuelle. Quarto est la demeure du frère de Napoléon, du prince Jérôme de Montfort, de l'ex-roi de Westphalie.

Un jour Napoléon voulut châtier la Hesse, punir le Brunswick, détacher à tout jamais le Hanovre de l'Angleterre. Il réunit ces trois provinces, il en composa un royaume, et appelant son plus jeune frère qui avait alors vingt-six ans à peine :

— Jérôme, lui dit-il, Joseph est roi d'Espagne, Louis est roi de Hollande, Murat est roi de Naples, Eugène est vice-roi d'Italie; c'est à ton tour de monter sur le trône, je te fais roi de Westphalie.

Et le nouveau roi partit pour Cassel, sa capitale.

Le royaume de Westphalie, annexe de l'empire du nouveau Charlemagne, tomba en 1814 avec cet empire. Napoléon fut fait souverain de l'île d'Elbe, et le roi de Westphalie devint prince de Montfort.

Le prince de Montfort, du temps qu'il était roi, avait épousé une sainte et noble femme qui, après avoir partagé sa puissance, partageait son exil. C'était la fille du vieux roi de Wurtemberg, la même princesse qui fut victime de cet étrange vol de diamants dont Maubreuil passa pour l'auteur et n'était que le complice.

Le prince de Montfort et sa femme étaient à Trieste, tous deux gardés à vue par la police autrichienne, lorsque la nouvelle du débarquement de l'Empereur au golfe Juan fit bondir l'Europe d'étonnement. Comme on le comprend bien, la surveillance redoubla.

Un jour, au moment où le prince s'y attendait le moins, il vit entrer chez lui son ancien aide-de-camp, le baron de Gayl. Il arrivait de Paris et était porteur d'une lettre de Napoléon et d'un passe-port de Fouché. En vingt-six jours l'Empereur était venu de Porto-Ferrajo aux Tuileries.

Cette lettre invitait le prince Jérôme à venir rejoindre son frère le plus tôt possible : elle le prévenait, en outre, qu'une frégate venait d'être expédiée à Naples pour le transporter en France.

Une lettre pareille avait été en même temps expédiée à Eugène.

Eugène répondit qu'il avait des engagements pris avec les puissances alliées, et qu'il ne pouvait se rendre à l'invitation de son beau-père; mais qu'aussitôt que Napoléon aurait passé le Rhin, il irait le rejoindre.

Le prince Jérôme ne répondit rien, sinon que l'invitation de son frère était pour lui un ordre, et qu'il partirait le soir même.

Cependant la chose était plus facile à dire qu'à exécuter : les nouvelles arrivées de France rendaient de moment en moment la surveillance de la police plus active; il fallait tout faire sans avoir l'air de rien préparer. Le prince attendit la visite du consul de Naples, qui avait l'habitude de le venir voir tous les jours à deux heures, pour arrêter quelque chose avec lui.

Le consul vint à l'heure accoutumée : c'était M. Abattucci, dont le dévouement à la famille Napoléon était connu du prince Jérôme; il n'hésita donc pas à lui tout dire et à lui confier qu'il ne comptait que sur lui seul pour quitter Trieste : M. Abattucci répondit au prince en mettant à sa disposition la chaloupe canonnière *le Vésuve*, laquelle faisait partie de la marine de Murat et se trouvait en ce moment dans le port de Trieste. Le prince accepta.

A l'instant même l'ordre fut donné au commandant de la chaloupe d'appareiller et de sortir du port, puis d'envoyer à minuit le canot sur un point de la plage qui lui était indiqué.

Deux personnes seulement étaient dans la confidence, la reine et M. Abattucci; le commandant de la chaloupe lui-même ignorait qui il devait prendre.

A minuit le prince quitta sa maison par une porte de derrière, accompagné de la reine; à la sortie de la ville M. Abattucci les attendait : il se joignit à eux et les accompagna jusqu'au point de côte indiqué. La chaloupe les y attendait; il n'y avait pas de temps à perdre : les adieux furent courts, le prince embrassa la reine et partit. Tant que dans l'obscurité d'une de ces belles nuits italiennes on put apercevoir la barque, la reine et le consul restèrent sur le rivage; mais enfin la barque s'enfonça dans les ténèbres, le prince était désormais sous la sauvegarde de la fortune fraternelle.

Le lendemain le prince avait en vue la côte de Sinigaglia. A son grand étonnement il s'y faisait un grand déploiement de forces : une armée magnifique défilait suivant le rivage; le prince crut reconnaître les uniformes napolitains et ordonna au commandant du *Vésuve* de le mettre à terre.

Le prince s'avança vers une maison qu'il apercevait : c'était Casa-Bruciata, un relais de poste; en même temps que lui une voiture à six chevaux arrivait, un homme en descendit — c'était Murat.

Quoiqu'ils fussent loin de s'attendre à se rencontrer là, les deux beaux-frères se reconnurent à l'instant même. Murat donna au prince Jérôme, sur la marche triomphale de l'Empereur à travers la France, des détails qu'il ignorait. Cette entreprise gigantesque, que Murat essaya plus tard d'imiter, comme le corbeau imite l'aigle, lui avait monté la tête : il voulait balayer, disait-il, les Autrichiens de l'Italie et donner la main à l'Empereur par-dessus les Alpes.

Pendant deux jours le prince Jérôme, qui avait appris par le roi de Naples que la frégate qui devait le transporter en France n'était pas encore arrivée, suivit l'armée de son beau-frère en amateur; — on arriva ainsi jusqu'à Bologne.

A Bologne un officier supérieur anglais vint trouver Murat, chargé d'une mission secrète de son gouvernement. Murat le retint à souper; mais en apprenant cette circonstance, le prince Jérôme fit dire à Murat que, ne voulant pas le gêner dans ses négociations, il se retirait. Le même jour, quelles que fussent les instances de Murat, le prince Jérôme partit pour Naples.

La frégate française venait d'arriver. Par une étrange coïncidence, elle portait le même nom que celle qui, sous les ordres du prince de Joinville, alla plus tard chercher le corps de Napoléon à Sainte-Hélène. C'était la *Belle-Poule*, de quarante-quatre canons.

Madame mère et le cardinal Fesch venaient d'arriver à Naples; le prince les fit monta à son bord et partit avec eux pour la France.

En vue de la Corse, on aperçut une voile. Examen fait du bâtiment en vue, on reconnut un vaisseau anglais de soixante-quatorze canons. Le prince ignorait complétement où en étaient politiquement la France et l'Angleterre. Il n'y avait pas moyen de combattre un ennemi si supérieur, encore moins de chance de lui échapper s'il donnait la chasse. Le prince ordonna de relâcher à Bastia.

Le lendemain, le vaisseau anglais vint croiser devant le port.

Le prince lui envoya aussitôt un de ses aides-de-camp pour savoir quelles étaient ses intentions, et s'il se présentait en ami ou en ennemi. Le capitaine du bâtiment fit répondre qu'aucune déclaration de guerre n'ayant encore été échangée entre les deux gouvernements, le prince pouvait sortir du port en toute sécurité. A l'instant même le prince donna l'ordre d'appareiller; et, comme il s'y était engagé, le commandant du vaisseau anglais laissa s'éloigner la frégate française sans faire contre elle aucune démonstration hostile.

Le lendemain soir le prince débarquait à Fréjus. Trois jours après il était à Paris.

Napoléon s'apprêtait pour le Champ-de-Mars. Le prince Jérôme fut près de lui dans cette grande solennité. Il représentait à lui seul toute la famille. Pas un seul de tous ces rois, de tous ces princes, de tous ces grands-ducs qu'avait faits l'empire, n'avait eu assez de foi aux Cents-Jours pour venir rejoindre l'aventureux conquérant de l'île d'Elbe.

L'Europe prenait une attitude hostile. Pas un souverain n'avait répondu à la circulaire fraternelle envoyée par Napoléon. La Prusse, la Hollande, l'Angleterre poussaient des hommes à la frontière; le reste du monde armait.

Ce sera encore long-temps le destin de la France d'avoir toute l'Europe contre elle, jusqu'à ce qu'enfin elle ait toute l'Europe à elle.

Chaque jour enlevait une espérance de

paix. Napoléon, qui n'y avait jamais cru, s'était, dès le lendemain de son arrivée aux Tuileries, préparé à la guerre.

Napoléon partit de Paris pour rejoindre l'armée. Il y a juste vingt-sept ans de cela. J'étais bien enfant. Je le vis passer; c'était le 12 juin 1815, à quatre heures et demie du soir. Il était vêtu de son habit vert des chasseurs de la garde; portait la croix d'officier, la plaque de la Légion-d'Honneur et la croix de la Couronne-de-Fer.

Je n'oublierai de ma vie cette noble figure faite pour la médaille : belle comme ces têtes d'Alexandre et d'Auguste que l'antiquité nous a transmises, et que la fatigue inclinait sur sa poitrine. Le maître de poste ouvrit la portière de la voiture pour demander à l'Empereur s'il n'avait pas d'ordres à lui donner. Le regard vague et perdu de Napoléon se concentra et se fixa à l'instant même sur lui.

— Où sommes-nous? demanda l'Empereur.

— A Villers-Cotterets, sire.

—A six lieues de Soissons, n'est-ce pas?— Puis, sans donner à son interlocuteur le temps de répondre : —Il y a ici, continua-t-il, un château bâti par François Ier; on pourrait en faire une caserne.

—Sire, ce serait un grand bonheur pour la ville, qui préférerait cela au dépôt de mendicité qui s'y trouve.

—Puis une grande forêt, continua l'Empereur; une forêt à cheval sur la route de Laon. Merci, monsieur le maître de poste ; sommes-nous prêts?

—Oui, sire.

—Partons.

Et cette tête qui savait tout et qui n'oubliait rien retomba sur sa poitrine, fatiguée du monde d'idées qu'elle portait.

La voiture repartit à l'instant même au galop de ses chevaux.

A la gauche de l'Empereur était le prince Jérôme, devant lui était le général Bertrand,

Quoique ma principale attention eût été absorbée par l'Empereur, la figure de son frère m'avait tellement frappé aussi, que lorsque je le revis, vingt-cinq ans après, je le reconnus.

C'était en 1815 un beau jeune homme de trente et un ans, à la barbe et aux cheveux noirs, au visage doux et souriant, et qui paraissait plus fier à cette heure de son uniforme de général de division qu'il ne l'avait jamais été de son manteau royal.

A Avesnes, le prince Jérôme quitta l'Empereur et prit le commandement de sa division : il avait sous ses ordres le colonel Cubières, qui venait de se marier depuis deux jours, et devait marcher avec Ney sur les Quatre-Bras, tandis que l'Empereur marchait sur Fleurus.

Le 15 au soir, le prince soupait avec le général Cubières, le général Girard et deux ou trois autres généraux de brigade, lorsqu'un aide-de-camp de Napoléon entra : il apportait l'ordre à Girard et à sa division de marcher sur Fleurus, afin de faire sa jonction avec l'Empereur.

Le général Girard, qui était un des plus braves soldats de l'armée, et qui avait été fort gai jusque-là, pâlit tellement en recevant cet ordre, que le prince se retourna vers lui en lui demandant s'il se trouvait mal.

— Non, monseigneur, dit le général Girard en portant sa main à son front; mais il vient de me passer là un singulier pressentiment: Je serai tué demain.

— Allons donc, dit le prince Jérôme en riant, est-ce que tu deviens fou, mon vieux camarade?

— Non, monseigneur; mais n'avez-vous jamais entendu dire qu'il y ait des hommes qui aient reçu d'avance l'avis de leur mort?

— Combien as-tu de blessures, Girard? demanda le prince.

— Vingt-sept ou vingt-huit, monseigneur;

je n'en sais pas bien le compte. Je suis troué comme une écumoire.

— Eh bien, quand on a reçu vingt-huit blessures au service de la France, on est immortel. Au revoir, Girard.

— Adieu, monseigneur.

— Au revoir.

— Non, non, adieu.

Girard sortit de la chambre. Tous ces hommes de guerre, habitués à voir la mort chaque jour, se regardèrent en souriant; cependant, quoiqu'aucun d'eux ne crût au prétendu pressentiment de celui qui les quittait, une impression triste pesait sur eux.

Le lendemain au soir, à l'heure même où Girard s'était levé de table, on apprit que le premier boulet tiré à Ligny avait été pour ce brave général.

La journée avait été rude; c'était celle des Quatre-Bras. Depuis le matin jusqu'au soir, le prince Jérôme resta à la tête de sa division ; ce fut lui qui perça le bois du Bossu. Il y reçut deux balles ; l'une brisa la coquille de son épée, l'autre n'était qu'une balle morte qui lui fit une contusion à la hanche.

Il arrivait à la lisière du bois avec sa division, lorsqu'un homme à cheval, quittant les rangs ennemis, accourut au galop jusqu'à cinquante pas à peu près des colonnes françaises ; il portait l'uniforme anglais, avait la poitrine couverte de plaques et de croix. Un instant on crut que c'était Wellington lui-même ; mais que venait-il faire là, on se le demandait.

En ce moment cet officier général leva le sabre en signe qu'il voulait parler ; on crut que c'était un parlementaire et l'on écouta.

« Français, dit-il, au lieu de nous attaquer en ennemis, venez à nous en frères ; votre véritable roi, votre roi légitime est par ici. »

— Cet homme est ivre, dit le prince, envoyez lui quelques coups de fusil, et qu'il retourne d'où il vient.

A cet ordre une vingtaine de coups de fusil partirent, et l'homme tomba ; on courut à lui, et on reconnut que c'était le duc régnant de Brunswick. Son père et son grand-père avaient été tués comme lui sur le champ de bataille : dans les caveaux de la famille, on garde les trois uniformes ensanglantés.

Étrange destinée ! le prince Jérôme lui avait déjà pris son duché, et voilà que, sans savoir qui il était, il lui prenait maintenant la vie.

Comme nous l'avons dit, la journée avait été rude : le prince Jérôme avait perdu dans sa seule division trois mille hommes, deux généraux de brigade, trois colonels. Le colonel Cubières avait reçu quatre blessures à la tête; deux fois le prince avait été à lui pour qu'il remit le commandement à son lieutenant-colonel, et chaque fois le colonel Cubières avait répondu : — Monseigneur, tant que je pourrai me tenir à cheval, je resterai à la tête de mon régiment.

On bivouaqua dans la boue et dans le sang ; Puis, pendant toute la journée du 17, on marcha à la suite des Anglais en retraite; il tombait des torrents de pluie. Le soir, vers sept heures, on prit position en avant du village de Planchenoit.

A huit heures, l'Empereur y arriva : les deux frères se revirent. Napoléon avait su comment le prince s'était conduit dans la journée du 16. — Prends garde, Jérôme, lui dit-il en riant, je t'ai donné une division et non pas une escouade; si tu veux trop faire le soldat, j'enverrai quelqu'un pour faire le général.

— J'espère que Votre Majesté me laissera encore la journée de demain, répondit le prince.

— Tu crois donc qu'ils nous attendront? dit l'Empereur.

— Mais cela en a tout l'air, dit le prince; Votre Majesté a pu voir qu'ils prenaient leurs positions.

— Pour la nuit, dit l'Empereur, mais demain au point du jour tu les verras décamper. Wellington n'est pas si niais que de m'offrir la bataille dans une position pareille.

Contre toute attente, le jour en se levant le lendemain trouva les deux armées dans la même position. Napoléon ne pouvait croire à cette imprudence; il envoya le général Haxo reconnaître l'ennemi.

Le général Haxo revint et assura à l'Empereur que l'armée anglaise prenait position en avant du Mont-Saint-Jean.

— Ce n'est pas possible, répéta deux fois l'Empereur, vous vous êtes trompé, Haxo, cela n'est pas possible.

— Cela est cependant ainsi, sire, répondit le général.

— Mais si je les bats, dit l'Empereur, adossés comme ils sont à des défilés, ils sont tous perdus, et pas un ne retournera en Angleterre. Allez donc vous assurer de nouveau de ce que vous me dites, Haxo.

Le général Haxo poussa une nouvelle reconnaissance jusqu'à une portée de fusil des Anglais, et revint près de l'Empereur, rapportant une seconde réponse plus affirmative encore que la première.

— C'est bien, dit l'empereur, il paraît que Wellington est fou. Eh bien! soit, nous profiterons de sa folie.

Aussitôt le plan de bataille fut fait : il était huit heures et demie du matin, un ordre du jour signé du maréchal Soult fut lu à l'armée.

C'était le prince Jérôme qui devait commencer l'attaque par l'extrême gauche; il se rendit à son poste : sa division se trouvait en face de la ferme d'Hougoumont, que les Anglais avaient fortifiée pendant la nuit par tous les moyens possibles.

Les premiers coups de fusil furent tirés à midi et demi par le premier régiment d'infanterie légère. Une des premières balles par lesquelles l'ennemi lui riposta traversa le cou du cheval que montait le prince; il avait, comme on le voit, assez mal profité des conseils de son frère.

On connaît cette journée dans ses moindres détails, on sait par cœur cette lutte de géants : les Anglais tinrent comme s'ils avaient pris racine dans le sol, comme s'ils s'étaient pétrifiés au milieu des pierres qu'ils défendaient. Il faut voir encore aujourd'hui cette ferme d'Hongoumont, criblée de balles, rasée à hauteur d'homme, avec ses pans de murs écroulés, ses sillons de boulets et ses trous de bombes. Car tout en reste tel que le prince Jérôme l'a laissé, la destruction étant si grande que vingt-sept ans de paix n'ont pas même essayé d'effacer un jour de bataille.

A trois heures et demie un aide-de-camp arriva qui, de la part de l'Empereur, demandait le prince Jérôme. Le prince laissa le commandement de sa division au général Guilleminot, prit un cheval frais, et, suivant les derrières de l'armée, il arriva près de l'Empereur.

L'Empereur était à pied, sur une petite

éminence de laquelle il dominait tout le champ de bataille. Il avait près de lui le maréchal Soult.

En ce moment arrivait une colonne de prisonniers westphaliens; ils reconnurent leur ancien roi, et le prince Jérôme reconnut lui-même deux ou trois officiers qui avaient servi dans sa garde. Alors les prisonniers se mirent à crier : *Gott den kœnig!* c'est-à-dire, Dieu protége le roi. C'était l'exergue de la monnaie westphalienne.

Alors le prince s'avança vers eux :

— Mes amis, leur dit-il, vous vous êtes bien battus. Mais vous vous êtes battus contre moi!

— C'est vrai, sire; mais nous avons été habitués par vous-même à toujours faire notre devoir.

— Eh bien! dit le prince, voulez-vous rentrer à mon service? Si vous avez été contents de moi, c'est maintenant qu'il faut me le prouver.

— *Vive Jérôme!* crièrent à la fois soldats et officiers.

— C'est bien, dit l'Empereur; conduisez ces braves gens sur les derrières, rendez-leur leurs armes, organisez-les, et qu'ils soient incorporés dans la première division.

Cette première division était celle du prince. Les soldats s'éloignèrent en criant : *Vive l'Empereur! vive le roi Jérôme!*

L'Empereur les suivit quelque temps des yeux; puis, se retournant vers son frère, il se fit rendre compte de ce qu'il avait fait, l'écoutant d'un air à demi distrait, car à son premier plan de bataille il en substituait en ce moment un second.

Au lieu d'écraser l'aile droite anglaise comme il l'avait résolu d'abord, et, par un changement de front, de tomber ensuite sur les Prussiens, il voulait maintenant percer le centre, lâcher une ou deux divisions sur l'aile droite, qui se mettrait en retraite sur Bruxelles, et avec le reste de l'armée écraser l'aile gauche anglaise et le corps prussien.

Ney arriva sur ces entrefaites. L'Empereur, en le voyant couvert de boue et de sueur, lui tendit la main et demanda à boire. Jardin, son écuyer, apporta une bouteille de vin de Bordeaux et un verre. L'Empereur but d'abord, puis passa le verre au prince Jérôme, qui but à son tour et le passa au maréchal Ney.

— Écoute, mon brave Ney, dit alors l'empereur en tirant sa montre et en la lui montrant; il est trois heures et demie; tu vas te mettre à la tête de toute la grosse cavalerie, douze mille hommes choisis parmi mes meilleurs soldats; avec cela on passe partout, et à quatre heures et demie tu donneras le coup de massue. Je compte sur toi.

On connaît l'effet de cette terrible charge. J'ai raconté ailleurs ces carrés anglais, ouverts, poignardés, anéantis; j'ai montré Wellington désespéré, vaincu, calculant le temps matériel qu'il nous fallait encore pour égorger ces admirables troupes qui mouraient à leur poste sans reculer d'un pas, et appelant le seul homme ou la seule chose qui pût le sauver, Blücher ou la nuit.

Tous deux arrivèrent presque en même temps. La bataille était gagnée : le général Friant et le prince Jérôme venaient d'enlever la dernière batterie anglaise, lorsque Labedoyère accourut à grande course de cheval, annonçant que ce canon qui commençait à passer de notre extrême droite sur nos derrières était le canon prussien.

Alors l'Empereur ordonna la retraite. En un instant, et par un de ces retours de fortune qui, d'un souffle, renversent un empire, le victorieux se trouva vaincu.

Non-seulement il se trouva vaincu, mais il reconnut que la retraite était impossible.

Alors il résolut de se faire tuer. Alors il se jeta dans le carré de Cambronne, sous le feu d'une batterie anglaise qui emportait des files entières, essayant toujours de pousser en avant son cheval, que le prince Jérôme tenait par la bride et forçait de retourner en arrière, tandis qu'un vieux général corse, le général Campi, quoique blessé dangereusement et se tenant à peine sur son cheval, couvrait continuellement de son corps le prince et l'Empereur.

— Mais, Campi, lui dit le prince, tu veux donc te faire tuer?

— Oui, répondit celui-ci, pourvu que ma mort sauve l'Empereur.

Napoléon resta ainsi près de trois quarts d'heure, cherchant, appelant, implorant ces boulets et ces balles qui le fuyaient. Enfin, ce fatalisme auquel il avait toujours cru reprit le dessus sur son désespoir.

— Dieu ne le veut pas, dit-il. Puis, s'adressant à ceux qui l'entouraient :

— Y a-t-il un homme, dit-il, qui se charge de me conduire où est Grouchy?

Dix officiers se présentèrent. Un d'eux prit la bride de son cheval pour le tirer de cette affreuse mêlée; mais l'Empereur fit signe qu'il avait encore quelques paroles à dire. Alors, se retournant vers le prince Jérôme :

— Mon frère, lui dit-il, je vous laisse le commandement de l'armée; ralliez-la et attendez-moi sous les murs de Laon. Puis, lui tendant la main :

— Je suis fâché, ajouta-t-il, de vous avoir connu si tard.

Une nouvelle combinaison, qui pouvait encore changer la face des choses, venait de germer dans cette puissante tête. Napoléon voulait rejoindre Grouchy et ses trente-cinq mille hommes de troupes fraîches ; puis, tandis que Jérôme ferait face avec l'armée ralliée aux Anglais et aux Prussiens fatigués, tomber sur leurs derrières avec ce corps d'armée, et prendre ainsi au cœur de la France Wellington et Blücher entre deux feux.

Qui empêcha ce nouveau plan de s'accomplir? nul ne le sait ; c'est un secret entre le prisonnier de Sainte-Hélène et Dieu. Ne put-il pas, au milieu de ce désordre, trouer ces masses prussiennes qu'il fallait franchir ? fut-il égaré par son guide, ou bien la force lui manqua-t-elle pour son gigantesque projet?

J'étais à cette même poste où Napoléon était passé huit jours auparavant et où nous attendions des nouvelles de l'armée, lorsqu'on entendit le bruit du galop d'un cheval : c'était un courrier qui passait ventre à terre, et qui cria en passant :

— Six chevaux pour l'Empereur !

Puis le courrier disparut.

Un instant après, le roulement sourd et lointain d'une voiture se fit entendre; mais cette voiture approchait si rapidement qu'il n'y eut pas un instant de doute sur celui qu'elle ramenait; quand elle arriva à la porte de la poste, les chevaux étaient prêts. Tout le monde se précipita dehors : c'était l'Empereur.

Il était à la même place, vêtu du même

uniforme, avec la même figure de marbre qu'il avait en passant.

Puis, comme en passant et de la même voix :

— Nous sommes à Villers-Cotterets? dit-il.

— Oui, sire.

— Combien de lieues d'ici à Paris, vingt?

— Dix-huit, sire.

— C'est bien... ventre à terre !

Les fouets des postillons retentirent, et il disparut comme emporté par un tourbillon.

Ce furent les deux seules fois que je vis l'Empereur.

Le prince Jérôme avait suivi les ordres reçus : à force d'efforts il avait rallié vingt-huit mille hommes et les avait concentrés sous les murailles de Laon. Là il reçut une dépêche de l'Empereur; cette dépêche lui ordonnait de remettre le commandement de l'armée au maréchal Soult et de se rendre immédiatement à Paris.

Napoléon voulait faire ses adieux au seul de ses frères qui eût suivi jusqu'au bout son aventureuse fortune. Sans lui dire ce qu'il comptait faire lui-même, il demanda au prince quelles étaient ses intentions.

— De rester avec l'armée, sire, répondit le prince, tant qu'un lambeau tricolore flottera dans un coin quelconque de la France.

Le prince demeura pendant trois jours à l'Élysée avec son frère; alors il apprit que l'armée se retirait derrière la Loire.

Selon ce qu'il avait dit, le prince rejoignit l'armée et resta avec elle jusqu'à son licenciement.

Alors il lui fallut traverser la France : un maître de poste lui donna son passe-port, et il arriva à Paris.

Louis XVIII était depuis un mois sur le trône. Le prince Jérôme prévint Fouché de son arrivée : Fouché lui fit dire de partir à l'instant même; on savait qu'il était en France, on le cherchait de tous côtés, on n'eût pas été fâché de venger sur lui la mort du duc d'Enghien. — Il n'y avait pas un instant à perdre pour gagner la frontière. Fouché répondait au prince qu'aucun ordre ne serait donné avant douze heures.

Le prince partit à l'instant pour Strasbourg. Quatorze heures après son départ de Paris, l'ordre fut donné par le télégraphe de l'arrêter à son passage à Strasbourg.

Cet ordre devait être exécuté par le plus ancien officier de la garnison. Par un hasard étrange, ce doyen des officiers était le colonel Gauthier, ancien chef du bureau topographique du roi Jérôme.

Au moment où le colonel Gauthier reçut cet ordre, il rencontra dans les rues de Strasbourg le premier valet de chambre du prince qui allait monter en voiture ; il alla droit à lui :

— Tricot, lui dit-il, je suis chargé d'arrêter Sa Majesté, il n'y a donc pas un instant à perdre ; va le lui dire de ma part à l'instant même. Je vais courir après lui, mais je m'arrangerai de manière à ne pas le rattraper.

— C'est bien, dit le valet de chambre, je vais prévenir le roi.

Ce n'était pas difficile, le roi était dans la voiture même et avait tout entendu.

La voiture partit au galop, et, grâce à son passe-port bien en règle, le roi franchit les portes sans opposition ; il était au milieu du pont de Kell lorsqu'il vit paraître le colonel Gauthier à la tête des hommes qui le poursuivaient.

Le brave colonel avait tenu sa parole. De l'autre côté du pont était un régiment wurtembergeois envoyé par le beau-père du prince pour le recevoir. Le prince sauta à bas de sa voiture, monta à cheval, et fit de la main un salut au colonel Gauthier, qui revint vers Strasbourg avec l'air d'un homme désespéré d'avoir manqué une si belle occasion d'être fait général.

Aussi le brave colonel resta colonel, et

mourut colonel. S'il y eut bien des lâches trahisons, il y eut aussi quelques sublimes dévouements.

Dès lors commença pour le prince Jérôme cette vie de proscription et d'exil qu'il subit depuis vingt-sept ans.

D'abord ce fut son beau-père, le roi de Wurtemberg, qui le mit à peu près en prison dans le château d'Elvangen, d'où il ne sortit qu'avec des passe-ports de M. de Metternich, et la permission d'habiter Schenau, près de Vienne. Mais à peine fut-il installé dans cette belle résidence, que le voisinage d'un frère de Napoléon inquiéta l'empereur d'Autriche. Le duc de Reichstadt était à Schœnbrunn, l'oncle et le neveu pouvaient communiquer ensemble : le prince Jérôme reçut l'ordre de quitter l'Autriche.

Le prince vint à Trieste, mais au bout de quelque temps il en fut de Trieste comme de Schenau. L'ordre arriva au prince de partir, et il alla s'établir à Rome.

Mais en 1831 la révolution de la Romagne éclata. Le fils aîné du roi Louis avait pris part à cette révolution; c'était un Napoléon. La peine de son imprudence retomba sur tous les Napoléon.

Le prince Jérôme fut alors obligé de quitter Rome comme il avait été obligé de quitter Trieste, et vint chercher un asile en Toscane, espérant enfin trouver le repos dans cette oasis de l'Italie.

Son espérance ne fut pas trompée; le grand-duc Léopold II lui donna sa parole et l'a loyalement tenue. Le grand-duc Léopold, fils d'un proscrit, et ayant lui-même passé sa jeunesse dans la proscription, a la religion de l'exil.

Aujourd'hui le prince de Montfort habite Quarto, charmante villa située entre la Petraja et Careggi. Sa vie est celle d'un simple particulier. Tous les samedis il reçoit, outre ce que Florence a de mieux, les étrangers de distinction qui passent et qui se font présenter à lui.

C'est là qu'entouré des souvenirs de l'Empereur, dont la mémoire est pour lui une religion, le prince de Montfort, étranger à tous les partis qui ont bouleversé Paris depuis dix ans, attend que la proscription se lasse. Lors du retour du corps de Napoléon, il crut cette heure arrivée; il lui semblait que sous les arcs de triomphe dressés au martyr de Sainte-Hélène devait passer aussi cette famille qui n'était proscrite que parce qu'elle portait le même nom que lui. Le prince de Montfort se trompait, et ce fut une grande déception pour le cœur du pauvre exilé.

N'est-ce pas une étrange anomalie que la chambre ait voté par acclamation cent mille livres de rente à la veuve du roi Murat qui avait trahi deux fois la France, et qu'on n'ait pas même gravé sur l'Arc-de-Triomphe le nom du seul frère de Napoléon qui lui soit resté fidèle, et qui, après avoir mêlé son sang au sang des martyrs de Waterloo, a, par son courage et sa présence d'esprit, sauvé les restes de l'armée !

Un jour, nous le savons bien, l'histoire réparera l'oubli de la France; mais les réparations de l'histoire sont tardives, et presque toujours elles se font au profit des tombeaux.

Ces souvenirs napoléoniens dont nous disions tout à l'heure qu'était entouré le prince de Montfort, sont, outre une foule de statues et de tableaux de famille, le sabre que l'Empereur portait à Marengo, le glaive que François Ier rendit à Pavie, et que Madrid rendit à Napoléon; puis le sabre qu'Étienne Bathori légua à Jean Sobieski, et dont les Polonais firent don à l'Empereur.

Le prince de Montfort possède encore un aigle d'argent qui surmontait la soupière de l'Empereur, et que l'Empereur lui envoya de Sainte-Hélène lorsqu'il fit briser et vendre son argenterie;

L'uniforme complet de garde national, aux

boutons et aux épaulettes d'argent, que l'Empereur a porté trois ou quatre fois;

La tabatière que le roi Louis XVIII oublia le 19 mai 1815 dans son cabinet de travail, et que Napoléon retrouva sur son bureau en entrant le lendemain aux Tuileries.

Enfin, cette tabatière plus précieuse encore que Napoléon tenait à la main lorsqu'il mourut, et sur le couvercle de laquelle est le portrait du roi de Rome.

Ce fut les yeux fixés sur ce portrait que s'éteignit, dans une contemplation paternelle, ce regard d'aigle qui avait embrassé le monde.

Le prince de Montfort a deux fils et une fille.

Ses deux fils sont le prince Jérôme et le prince Napoléon.

Sa fille est cette belle princesse Mathilde,

dont l'arrivée à Paris a produit dans le monde fashionable une si vive sensation.

J'ai eu l'honneur de faire en compagnie du prince Napoléon un pèlerinage à l'île d'Elbe : c'est dire à mes lecteurs qu'ils feront bientôt plus ample connaissance avec ce noble jeune homme, portrait vivant de l'Empereur.

CHAPITRE X.

LE PETIT HOMME ROUGE.

Tous les samedis à peu près je passais la soirée chez le prince de Montfort, seule maison véritablement française qui existe à Florence, seul salon véritablement parisien qu'il y ait dans toute l'Italie.

Un soir que nous avions beaucoup causé de la vie intime de l'Empereur, de ses habitudes, de ses manies, de ses superstitions, je demandai au prince ce qu'il fallait croire du petit Homme Rouge.

J'ai souvent entendu parler dans la maison de mon frère de cette singulière apparition, me dit-il; mais il va sans dire que je n'ai jamais vu l'étrange personnage que l'on prétend s'être mis trois fois en communication avec l'Empereur : la première fois à Damanhour en Egypte; la seconde fois aux Tuileries, au moment où fut décidée la malheureuse campagne de Russie, et la troisième fois pendant la nuit qui précéda la bataille de Vaterloo. Mais à mon défaut, ajouta le prince en riant, voici la princesse Galitzin qui sait sur lui des choses merveilleuses, qui lui ont été racontées par son vieil ami Zaionczek.

Tous les regards se tournèrent vers la princesse.

Qu'on sache d'abord, je ne parle ici que pour ceux qui n'ont pas l'honneur de la connaître, qu'on sache d'abord que la princesse Galitzin, Polonaise de naissance, et par conséquent compatriote du fameux général dont le prince venait de prononcer le nom, est une des femmes les plus aimables et les plus spirituelles que je connaisse. Quand nous passions la soirée chez elle et chez le prince Waldimir son fils, dont je parlerai à son tour en temps et lieu, il est impossible de dire quel tour original prenait la conversation, et comment trois ou quatre heures du matin sonnaient quand nous croyions qu'il n'était encore que minuit. La princesse Galitzin qui, au reste, racontait très-bien, fut donc sommée de raconter à l'instant même ce qu'elle savait sur le petit Homme Rouge et son compatriote Zaionczek.

Je voudrais pouvoir conserver le tour original que la princesse imprima à ce récit, qui peut-être n'a d'autre valeur que celui qu'elle lui donnait; mais c'est chose impossible, et il faudra que pour le moment nos lecteurs se contentent de ma simple prose.

Bonaparte avait mis le pied sur la terre d'Égypte dans la nuit du 1er au 2 juillet, à une heure du matin, après avoir emporté Malte comme une bicoque, et être passé par miracle au milieu de la flotte anglaise. Le lendemain la ville d'Alexandre était prise, et le nouveau César déjeunait au pied de la colonne de Pompée.

Le général en chef était entré dans la ville

par une rue étroite accompagné seulement de quelques personnes et de cinq ou six guides. Deux personnes pouvaient à peine passer de front par cette ruelle. Bourrienne marchait côte à côte avec lui, quand tout à coup un coup de fusil retentit, et le guide qui marchait devant Bonaparte tomba. Ce coup de fusil avait été tiré par une femme. Peu s'en fallut, comme on le voit, que Bonaparte ne finît comme Cyrus.

Bonaparte resta six jours à Alexandrie; ces six jours lui suffirent pour organiser la ville et la province; le septième, il marcha vers le Kaire, sur la route duquel Desaix l'avait précédé, laissant Kléber blessé pour commander à la ville prise.

Le 8, Bonaparte arriva à Damanhour et établit son quartier-général chez le cheik. A peine installé dans cette maison, qui était grande, isolée, et devant la porte de laquelle s'élevait un sycomore au feuillage touffu, Bonaparte ordonna à Zaionczek, qui commandait sous mon père une brigade de cavalerie, de prendre une centaine de chasseurs et de pousser une forte reconnaissance sur la route de Rhamanieh.

Quoique Zaionczek soit bien connu, disons rapidement quelques mots sur ce général, dont la fortune fut une des fortunes éclatantes de l'époque.

Zaionczek était né le 1ᵉʳ novembre 1752 : c'était donc vers l'époque où nous sommes arrivés, c'est-à-dire en l'an IV de la république française, un homme de quarante-cinq ans à peu près. Les premières années de sa vie s'étaient illustrées au milieu des guerres de l'indépendance polonaise, où il avait combattu sous les ordres de Kosciusko et côte à côte avec lui ; après la confédération de Targowitza, au bas de laquelle le roi Stanislas-Auguste avait eu la faiblesse d'apposer sa signature, Zaionczek fit ses adieux à l'armée polonaise et se retira à l'étranger avec Kosciusko et Joseph Poniatowski : mais au commencement de l'année 1794 une insurrection ayant éclaté en Pologne, les proscrits y reparurent plus grands de leur proscription. Alors commença cette nouvelle lutte de la Pologne, aussi glorieure, aussi sanglante et aussi fatale à la nationalité polonaise que l'avait été celle de 1791 et que devait l'être celle de 1830. Le 4 novembre Varsovie fut prise par Souwarow; les généraux Iasinski, Korsack, Paul Grabowski et Kwasniewki furent trouvés parmi les morts, et Zaionczek, emporté mourant du champ de bataille, alla expier pendant deux ans dans la forteresse de Josephstadt, d'où il ne sortit qu'à la mort de l'impératrice Catherine, la part qu'il avait prise à l'insurrection de sa patrie.

Zaionczek, proscrit de Pologne, vint en France, cette éternelle terre des proscrits, qui a donné tour à tour asile aux rois et aux peuples, et demanda du service dans les armées républicaines. Envoyé en Italie avec le grade de général de brigade, il y avait fait en 1797, avec Joubert et mon père, la campagne du Tyrol.

Lorsque la campagne d'Égypte fut résolue et que mon père eut été nommé général en chef de la cavalerie, il choisit Zaionczek pour un de ses généraux de brigade.

Voilà quelle avait été jusque-là la vie du patriote polonais; vie glorieuse, mais persécutée. En outre, comme certains généraux dont la mauvaise chance était devenue proverbiale, Zaionczek ne pouvait point paraître au feu sans être blessé : il pouvait compter les batailles auxquelles il avait assisté par ses cicatrices.

Zaionczek se mit à la tête de ses cent chasseurs et s'avança sur la route de Rhamanieh. A peine eut-il fait une lieue qu'il aperçut un gros de cinq cents mamelucks à peu près. Zaionczek les chargea, et les mamelucks se dispersèrent.

Zaionczek les poursuivit un instant, mais autant valait poursuivre un tourbillon de sable, essayer d'atteindre un nuage ; les Arabes disparurent dans le désert, leur éternel et constant allié.

Zaionczek fit encore une lieue ; mais il n'aperçut pas un seul cavalier. Il revint donc à Damanhour.

En arrivant devant la maison du cheik, où

demeurait le général en chef, il voulut entrer; mais l'aide-de-camp Croisier et le général Desaix l'en empêchèrent.

Bonaparte était avec le petit Homme Rouge.

Zaionczek demanda ce que c'était que le petit Homme Rouge; mais Croisier et Desaix n'en savaient guère plus que lui là-dessus; Bonaparte avait dit seulement:

— J'attends le petit Homme Rouge, vous le laisserez entrer.

Une demi-heure après, un Turc haut de cinq pieds à peine, ayant la barbe et les sourcils roux, et vêtu d'une robe ponceau, s'était présenté à la porte: il avait aussitôt, selon l'ordre donné, été introduit près de Bonaparte, où il était encore en ce moment.

Plusieurs officiers-généraux se joignirent au groupe que formaient Croisier, Desaix et Zaionczek; car l'étrange apparition de cet être inconnu et quelque peu fantastique préoccupait tous les esprits.

Dans ce moment Bourrienne sortit; comme

Bourrienne était alors le secrétaire intime de Bonaparte on l'accabla de questions sur le petit Homme Rouge ; mais Bourrienne, qui était chargé de faire expédier un courrier à Kléber, se contenta de répondre :

— Il paraît que c'est un sorcier turc qui vient dire la bonne aventure au général en chef.

Et il continua son chemin.

Comme on le comprend bien, une pareille réponse n'était pas faite pour calmer la curiosité des assistants ; la croyance de Bonaparte au fatalisme était connue ; on commençait à raconter des prophéties qui lui auraient été faites dans son enfance et qui lui promettaient une haute fortune ; il avait déjà, avec ses plus intimes, parlé deux ou trois fois de son étoile. Cette étoile, lui seul la voyait ; mais tous commençaient à y croire.

Aussi, les jeunes officiers, dont quelques-uns, à l'âge de vingt ou vingt-cinq ans, étaient déjà arrivés au grade de colonel ou de général de brigade et de division sous un général en chef de vingt-huit, et qui, par conséquent, eux aussi, rêvaient bien intérieurement quelque haute fortune, résolurent-ils de ne pas laisser passer le petit Homme Rouge sans l'interroger, curieux de savoir s'ils accompagneraient dans sa lumineuse révolution l'astre dont ils étaient les satellites.

Or, comme on les avait prévenus que le petit Homme Rouge était sorcier, ils formèrent un grand cercle à la porte, afin que le petit Homme Rouge ne pût pas leur échapper; chose qui, d'après les dispositions prises par les meilleurs stratégistes de l'époque, ne pouvait arriver que dans le cas où il s'envolerait au ciel ou s'enfoncerait dans la terre.

Le petit Homme Rouge sortit. Il était bien comme on l'avait dit, et sa barbe et son costume justifiaient parfaitement le nom qu'on lui avait donné. Il ne parut aucunement étonné de voir les dispositions prises pour le bloquer, et ne parut désirer en aucune façon d'échapper à ceux qui le gardaient à vue, car, bien au contraire, s'arrêtant sur le seuil de la maison ;

— Citoyens, dit-il en adoptant la locution encore en usage à cette époque, vous m'attendez pour que je vous raconte l'avenir de la France et le vôtre. L'avenir de la France, je viens de le dire à votre général en chef; le vôtre : que trois d'entre vous s'avancent, et je le leur dirai.

Croisier, Desaix et Zaionczek s'élancèrent.

Le reste des assistants demeura à sa place.

— Il y a un précepte de votre religion, reprit le petit Homme Rouge, qui dit que les premiers seront les derniers; permettez-moi de retourner ce précepte et de dire que les derniers seront les premiers.

Et il s'avança vers Croisier, qui n'était qu'aide-de-camp.

Croisier lui tendit la main.

Le petit Homme Rouge l'examina et secoua la tête.

— On t'appelle brave parmi les braves, dit-il, et cela est vrai. Cependant il y aura un jour, une heure, un moment, où ton courage t'abandonnera, et tu paieras ce moment de ta vie.

Croisier se recula, le sourire du dédain sur les lèvres.

Le petit Homme Rouge s'avança vers Desaix; le jeune général n'attendit point sa demande et lui tendit la main.

— Salut, lui dit le sorcier, au vainqueur de Kehl, qui, avant quinze jours, aura encore rattaché son nom à une autre victoire; trois journées te feront immortel; mais défie-toi du mois de juin, et crains le curé de Marengo.

— Tu es bien obscur, sorcier, mon ami, dit en riant Desaix; et combien demandes-tu de temps pour que tes prédictions se réalisent?

— Deux ans, répondit le prophète.

— A la bonne heure, répondit Desaix; allons, ce n'est pas trop long et l'on peut attendre.

Le petit Homme Rouge s'avança vers Zaionczek qui lui tendit la main à son tour.

— Enfin, dit-il, voilà une de ces mains

comme j'aime à en voir, un de ces horoscopes comme j'aime à les dire; un avenir glorieux qu'il m'est doux de rattacher à un glorieux passé.

— Diable! dit Zaionczek, voilà un début qui promet.

— Et qui tiendra, dit le petit Homme Rouge.

— Oui, si quelque balle ou quelque boulet ne l'emporte pas avec lui.

— En effet, dit le prophète, tu as du malheur au feu, et, si je compte bien, tu as déjà reçu sept blessures.

— C'est, ma foi, mon compte, dit Zaionczek.

— Oui, tu as raison... et cependant ce serait malheureux; trente ans encore à vivre, vingt champs de bataille à traverser, une vice-royauté à atteindre; oui, tout cela peut, comme tu le dis, être détruit par une balle qui dévie, par un boulet qui se trompe. Oui, tu as raison; oui, je vois le danger; il existe, il menace; mais... mais écoute : ta destinée est une de ces destinées qui importent non-seulement à une famille, mais à un peuple. As-tu confiance, Zaionczek ?

— En quoi ? dit le général.

— En ce que je te dis.

Le Polonais sourit.

— Pour le passé, tu m'as assez bien dit la vérité; mais mon passé appartient à l'Europe et n'est pas difficile à connaître; cependant s'il faut croire, eh bien! je croirai.

— Crois, Zaionczek, dit le prophète; il croit bien, lui; et il étendit la main vers la maison qu'habitait Bonaparte.

— Eh bien! que faut-il croire?

— Il faut croire à mes paroles. Comme je te l'ai dit, il y a un jour, une heure, un moment qui menace ta glorieuse vie; ce moment passé, tu n'as rien à craindre; mais ce moment, je ne puis te dire quand il viendra.

— Alors, dit Zaionczek, ton avis, tu en conviendras, ne m'est point d'un grand secours.

— Si fait, car je puis te préserver de ce danger.

— Et comment cela?

— Tu vas le voir.

Le petit Homme Rouge fit signe à un tambour d'apporter sa caisse et de la déposer à terre; puis il s'agenouilla devant le sonore instrument, et il tira de sa ceinture un encrier, une plume et un bout de parchemin sur lequel il se mit à écrire, dans une langue inconnue, quelques mots à l'encre rouge.

— Tiens, dit alors le prophète en se relevant et en tendant à Zaionczek le précieux parchemin, voici le talisman que je t'ai promis, prends-le, porte-le toujours sur toi, ne le quitte dans aucune circonstance, et tu n'auras rien à craindre, ni des balles, ni des boulets.

Tous les assistants se mirent à rire, et Zaionczek comme les autres.

— N'en veux-tu point? dit le petit Homme-Rouge en fronçant le sourcil.

— Si fait, si fait, s'écria Zaionczek; diable! quelle susceptibilité! Et tu dis donc, mon cher prophète, que je ne dois pas quitter ce petit parchemin?

— Pas un instant.

— Ni jour ni nuit?

— Ni jour ni nuit.

— Et si par hasard je le quittais?

— Il deviendrait sans force contre le péril dont il est chargé de te préserver.

— Merci, dit Zaionczek en tournant et en retournant le talisman entre ses mains. Et que te faut-il pour cela?

— Crois, dit le petit Homme-Rouge et je serai récompensé.

Alors le prophète fit signe de la main qu'on lui ouvrît un passage; les assistants s'écartèrent avec un sentiment de terreur superstitieuse dont ils ne furent pas les maîtres, et le suivirent des yeux jusqu'à ce qu'il eût disparu à l'angle d'une maison.

Aucun de ceux qui l'avaient vu ce jour-là ne le revit jamais, excepté Bonaparte.

Mais voilà ce qui arriva :

Le lendemain, tandis que Bonaparte dictait à Bourrienne quelques ordres que Croisier s'apprêtait à porter, le général en chef aperçut par les fenêtres ouvertes une petite troupe d'Arabes qui venait insolemment assister le quartier-général. C'était la deuxième fois que les mamelucks se permettaient pareille facétie; cela impatienta le général en chef.

— Croisier, dit-il sans s'interrompre de ce qu'il faisait, prenez quelques guides et chassez-moi cette canaille-là.

Aussitôt Croisier sortit, prit quinze guides et s'élança à la poursuite des Arabes.

En entendant le galop des chevaux qui partaient, Bonaparte s'interrompit, et allant à la fenêtre pour examiner ce qui allait se passer :

— Voyons un peu, dit-il à Bourrienne, comment se battent ces fameux mamelucks, que les journaux anglais affirment être la première cavalerie du monde ; ils sont cinquante, je ne suis pas fâché qu'à la vue de l'armée mon brave Croisier leur donne la chasse avec ses quinze guides. Et il cria comme si Croisier eût pu l'entendre : — Allons, Croisier! en avant! en avant!

En effet, le jeune aide-de-camp s'avançait à la tête de ses quinze guides; mais, soit que l'ignorance de la tactique arabe, soit que la supériorité du nombre intimidât la petite troupe, Croisier et ses hommes chargèrent mollement, ce qui n'empêcha pas les Arabes de plier devant. Craignant sans doute que l'ennemi ne voulût l'attirer dans une embuscade, Croisier, au lieu de les poursuivre en vainqueur, s'arrêta à l'endroit même d'où il venait de les débusquer. Cette hésitation rendit le courage aux mamelucks qui chargèrent à leur tour, et à leur tour les guides plièrent.

Bonaparte devint pâle comme la mort; ses lèvres minces se pincèrent et blêmirent. Il porta, par un mouvement machinal, la main à la poignée de son sabre, et toujours, comme si son aide-de-camp eût pu l'entendre, il cria d'une voix sourde :

— Mais en avant donc! mais chargez donc! mais que font-ils?

Et, avec un mouvement de colère terrible, il referma la fenêtre.

Un instant après, Croisier rentra; il venait annoncer à Bonaparte que les Arabes étaient disparus; il trouva le général en chef seul.

A peine la porte se fut-elle refermée sur Croisier que l'on entendit retentir la voix stridente de Bonaparte. Ce qui se passa entre eux nul ne le sait; mais ce qu'on sait seulement, c'est que le jeune homme sortit les larmes aux yeux et en disant :

— C'est bon! Ah! l'on doute de mon courage; eh bien! je me ferai tuer!

Pendant dix mois, à Chebreisse, aux Piramides, à Jaffa, Croisier fit tout ce qu'il put pour tenir la parole qu'il avait donnée. Mais le brave jeune homme avait beau se jeter en insensé au milieu du danger, le danger lui faisait place; il avait beau, étrange amant qu'il était, courtiser la mort, la mort ne voulait pas de lui.

Enfin l'on arriva devant Saint-Jean d'Acre : trois assauts eurent lieu; à chacun de ces assauts, Croisier, qui accompagnait le général en chef dans la tranchée, s'était exposé comme le dernier soldat; mais on eût dit qu'il avait fait un pacte avec les boulets et les balles; plus le jeune homme était désespéré, plus il semblait invulnérable.

A chaque fois Bonaparte le querellait sur sa témérité et le menaçait de le renvoyer en France.

Enfin arriva l'assaut du 10 mai. A cinq heures du matin le général en chef se rendit à la tranchée; Croisier l'accompagnait.

C'était un assaut décisif; ou le soir la ville serait prise, ou le lendemain on lèverait le siége. Croisier n'avait plus que cette dernière occasion de se faire tuer, il résolut de ne pas la perdre.

Alors, sans nécessité aucune, il monta sur une batterie, s'offrant tout entier au feu de l'ennemi.

Aussitôt Croisier devint le but de tous les coups; la cible humaine n'était pas à quatre-vingts pas des murailles.

Bonaparte le vit. Depuis le jour fatal où il s'était laissé emporter à sa colère, il avait bien vu que le jeune homme, frappé au cœur, ne demandait rien que de mourir. Ce désespoir du brave l'avait plus d'une fois touché profondément, et il avait souvent essayé par des paroles de louanges de faire oublier à son aide-de-camp les paroles de blâme qui lui étaient échappées. Mais, à chacun de ces retours, Croisier souriait amèrement et ne faisait aucune réponse.

Bonaparte, qui examinait quelques travaux en retard, se retourna et l'aperçut debout sur la batterie.

— Eh bien ! Croisier, s'écria-t-il, que faites-vous encore là ? Descendez, Croisier, je vous l'ordonne ! Croisier, ce n'est pas là votre place !

Et à ces mots, voyant que l'entêté jeune homme ne bougeait point, il s'avança pour le faire descendre de force.

Mais, au moment où il étendait le bras vers Croisier, le jeune homme chancela et tomba en arrière en disant :

— Enfin !

On le ramassa, il avait la jambe cassée.

— Alors ce sera plus long encore que je ne le croyais, dit-il lorsqu'on le transporta au camp.

Bonaparte lui envoya son propre chirurgien. Celui-ci ne jugea point l'amputation nécessaire, et l'on eut l'espoir non-seulement de sauver la vie du jeune homme, mais encore de lui sauver la jambe.

Lorsqu'on leva le siége, Bonaparte donna les ordres les plus précis pour que rien ne manquât au blessé. On le plaça sur un brancard, et seize hommes, en se relayant par huit, le portaient alternativement.

Mais, entre Gazah et El-Arych, Croisier mourut du tétanos.

Ainsi s'accomplit la première prédiction du petit Homme Rouge.

Passons à Desaix.

Desaix, après avoir fait des merveilles aux Pyramides ; Desaix, après avoir reçu des Arabes eux-mêmes le titre de sultan Juste, quitta l'Égypte et passa en Europe, où Bonaparte l'avait précédé.

L'homme du destin suivait le cours de la fortune prédite : il avait fait le 18 brumaire ; il était premier consul, il rêvait le trône.

Une grande bataille pouvait le lui donner ; Bonaparte avait décidé que cette autre Pharsale aurait lieu dans les plaines de Marengo.

Desaix avait rejoint le premier consul à Sérivia : Bonaparte l'avait reçu les bras ouverts et lui avait confié une division en lui commandant de marcher sur San-Giuliano.

Le 14 juin, à cinq heures du matin, le canon autrichien réveille Bonaparte et l'attire sur le champ de bataille de Marengo, qu'il doit perdre et regagner dans la même journée.

On connaît les détails de cette étrange bataille, perdue à trois heures, gagnée à cinq.

Depuis quatre heures l'armée française était en retraite : elle reculait pas à pas, mais elle reculait.

Ce qu'attendait Bonaparte, nul ne le savait : mais, en le voyant se retourner de temps en temps vers San-Giuliano, chacun se doutait qu'il attendait quelque chose.

Tout à coup un aide-de-camp arrive ventre à terre, annonçant qu'une division paraît à la hauteur de San-Giuliano.

Bonaparte respire : c'est Desaix, et la victoire.

Alors Bonaparte tire du fourreau son sabre qu'il n'avait pas tiré de la journée, ce même sabre qu'au retour de la campagne il donna à son frère Jérôme, pour le consoler de ne pas l'avoir emmené avec lui, et allongeant le bras il fit entendre le mot : — Halte !

Ce mot électrique, ce mot si long-temps attendu courut sur le front de la ligne, et chacun s'arrêta.

Au même moment Desaix arrive au galop, devançant sa division ; Bonaparte lui montre la plaine couverte de cadavres, toute l'armée en retraite, et à trois cents toises en avant la garde consulaire qui, pour obéir à l'ordre donné, tient comme une redoute de granit.

Puis, lorsque les yeux de son compagnon d'armes ont successivement erré d'une aile à l'autre, se sont portés de notre armée à l'armée ennemie :

— Eh bien! lui dit Bonaparte, que penses-tu de la bataille?

— Je pense qu'elle est perdue, dit Desaix en tirant sa montre; mais il n'est que trois heures et nous avons le temps d'en gagner une autre.

— C'est aussi mon avis, répond Bonaparte.

Puis, passant sur le front de la ligne :

— Camarades! s'écrie-t-il au milieu des boulets qui le couvrent de terre lui et son cheval; c'est assez de pas faits en arrière, le moment est venu de marcher en avant! En avant donc! et souvenez-vous que mon habitude est de coucher sur le champ de bataille!

Alors les cris de : Vive Bonaparte! vive le

premier consul! s'élèvent de tous côtés et ne s'éteignent que dans le bruit des tambours qui battent la charge.

Desaix prend congé de Bonaparte et en le quittant lui dit adieu.

— Pourquoi *adieu?* dit le premier consul.

— Parce que, depuis deux ans que je suis en Égypte, dit Desaix en souriant avec mélancolie, les balles et les boulets d'Europe ne me connaissent plus.

Voilà ce que Desaix dit tout haut, puis tout bas il répéta les paroles du petit Homme Rouge :

— Crains le mois de juin, et défie-toi du curé de Marengo.

Mais les ordres de Bonaparte ont été aussitôt suivis que donnés. D'un seul mouvement nos troupes ont repris l'offensive sur toute la ligne; la fusillade pétille, le canon mugit, le terrible pas de charge retentit accompagné par la Marseillaise; une batterie établie par

Marmont se démasque et vomit le feu ; Kellermann s'élance à la tête de trois mille cuirassiers, et fait trembler sous le galop de fer de ses chevaux; Desaix, qui s'anime au bruit et à la fumée, saute les fossés, franchit les haies, arrive sur une petite éminence et se retourne pour voir si sa division le suit.

En ce moment un coup de feu part de la lisière d'un petit bois, et Desaix frappé au cœur tombe sans prononcer une parole.

C'était le 14 juin, et la tradition veut encore aujourd'hui que le funeste coup de fusil ait été tiré par le curé de Marengo.

Ainsi s'accomplit la seconde prédiction du petit Homme Rouge.

Passons maintenant à Zaionczek.

Zaionczek était resté en Égypte; il apprit la mort de Croisier à Saint-Jean d'Acre et la mort de Desaix à Marengo : c'était à la lettre ce qu'avait prédit le sorcier turc, de sorte que Zaionczek, sans en rien dire à personne, commença à comprendre la véritable valeur de son talisman; si bien qu'à chaque côté du parchemin il fit coudre un ruban noir, et qu'à partir du jour où il apprit la mort de Desaix il porta le préservatif suspendu à son cou.

Après la capitulation signée avec l'Angleterre pour l'évacuation de l'Égypte, capitulation à laquelle Zaionczek, lui troisième, s'était opposé, le patriote polonais revint en France. En 1805 il commanda une division au camp de Boulogne, puis à l'armée d'Allemagne; puis enfin en 1806, les Polonais s'étant repris à cet espoir, tant de fois déçu, de retrouver leur indépendance, ils accoururent de toutes les parties de la terre où ils étaient dispersés. En effet, le traité de Tilsitt rassembla quelques débris de la vieille Pologne, dont on forma le duché de Varsovie. Zaionczek alors eut part aux dotations impériales, et un domaine lui fut assigné dans le palatinat de Kalisz.

Mais ce n'était pas encore là cette haute fortune qui lui était promise par les prédictions égyptiennes; Napoléon n'avait fait pour

Zaionczek que ce qu'il avait fait pour cent autres, et un domaine n'était pas une vice-royauté.

Cependant, il faut le dire, un tel bonheur avait accompagné Zaionczek de 1798 à 1811, que ce privilégié de la mitraille, qui ne pouvait pas paraître au feu sans être blessé, n'avait pas reçu une égratignure depuis treize ans.

Il en résultait que, sans en rien dire à personne, Zaionczek avait la plus grande confiance dans son talisman et ne le quittait pas.

La guerre de Russie fut déclarée ; on forma trois divisions polonaises : la première sous les ordres de Poniatowski, la seconde sous les ordres de Zaionczek, la troisième sous les ordres de Dombrouski.

Zaionczek assista aux combats de Witepsk, de Smolensk et de la Moscowa ; partout le même bonheur l'accompagna : les balles trouaient ses habits, la mitraille sifflait à ses oreilles, les boulets soulevaient la terre sous les pieds de ses chevaux, Zaionczek semblait invulnérable.

Puis vint la retraite.

Zaionczek assista à toutes les phases de cette retraite ; il est vrai que ses soldats, mieux habitués que les nôtres à cet hiver russe qui est presque leur hiver, soutinrent le froid, le dénûment et la faim mieux que nous. Zaionczek donna malgré ses soixante ans, car l'homme de Damanhour s'était fait vieillard au milieu de tous ces grands événements; Zaionczek, disons-nous, donna l'exemple de la force, du dévouement et du courage, et dépassa successivement Viazma, Smolensk, Orcha, bravant la faim, le froid, la mitraille, les boulets de Kutusof et les lances des soldats de Platow, sans paraitre souffrir de ce dénûment affreux qui décimait l'armée, sans avoir reçu une seule égratignure ; et le 25 novembre au soir il arriva sur les bords de la Bérésina.

Là, ses soldats, car au milieu de cette retraite terrible où personne n'avait plus de soldats Zaionczek en avait encore ; là, ses soldats, disons-nous, s'emparèrent d'une maison du village de Studzianka. Zaionczek, qui depuis plus de trois semaines avait couché sur la neige enveloppé de son manteau, put enfin s'étendre sur une couche de paille et à l'abri d'un toit.

La nuit fut pleine d'anxiétés; l'ennemi était campé sur la rive opposée, toute une division ennemie commandée par le général Tchaplitz était là, défendant ce passage; l'emporter de vive force était chose à peu près impossible; mais depuis le commencement de cette malheureuse campagne on avait fait tant de choses impossibles, que l'on comptait sur quelque miracle.

A cinq heures, le général Éblé était arrivé avec ses pontonniers et un caisson rempli de fers de roues, dont il avait fait forger des crampons. Ce fourgon renfermait la seule et dernière ressource de l'armée; il fallait bâtir un pont dans le lit fangeux de la Bérésina, dont la crue des eaux avait fait disparaître les gués, et qui charriait de gigantesques glaçons. Ce pont, c'était l'unique passage qui devait ramener l'Empereur à l'empire, et le reste de l'armée à la France.

Un boulet de canon pouvait briser ce pont et alors tout était perdu.

Il y avait sur les hauteurs opposées trente pièces d'artillerie en batterie.

Éblé et ses pontonniers descendirent dans le fleuve, ils avaient de l'eau jusqu'au col.

Ils travaillaient à la lueur des feux ennemis, et à une portée de fusil à peine des avant-postes russes.

Chaque coup de marteau devait retentir jusqu'au quartier-général de Tchaplitz.

A minuit, Murat fit réveiller Zaionczek. Le roi de Naples et le général polonais causèrent dix minutes ensemble, puis Murat repartit au galop.

Napoléon attendait le jour dans une des maisons qui bordaient la rivière : il n'avait pas voulu se coucher; Murat entra chez lui et le trouva debout.

— Sire, lui dit-il, Votre Majesté a sans doute bien examiné la position de l'ennemi.

— Oui, répondit l'Empereur.

— Votre Majesté alors a reconnu qu'un passage sous le feu d'une division deux fois forte comme nous est impraticable.

— A peu près.

— Et que décide Votre Majesté?

— De passer.

— Nous y resterons tous jusqu'au dernier.

— C'est probable, mais nous n'avons pas le choix du chemin.

— Pour une armée non; mais pour cinq cents hommes, si.

— Que voulez-vous dire?

— Que je viens de conférer avec Zaionczek.

— Après?

— Eh bien, Zaionczek répond de Votre Majesté, si Votre Majesté veut se fier à ses Polonais. Ils connaissent un gué praticable; ils savent des chemins inconnus des Russes mêmes; dans cinq jours, ils seront avec Votre Majesté à Wilna.

— Et l'armée?

—Elle sera perdue, mais Votre Majesté sera sauvée.

—Ceci est une fuite et non pas une retraite, Murat. Je resterai avec l'armée qui est restée avec moi; notre destinée sera commune. Je périrai avec elle ou elle se sauvera avec moi. Je vous pardonne cette proposition, Murat, c'est tout ce que je puis faire.

Et l'Empereur tourna le dos à son beau-frère.

Murat s'approcha de lui pour faire une dernière tentative.

—J'ai dit, reprit Napoléon en retournant la tête et avec cet accent qui, chez lui, n'admettait pas de réplique.

Murat se retira.

Mais il oublia d'aller dire à Zaionczek que Napoléon refusait la proposition qu'il lui avait faite.

Jusqu'à trois heures du matin Zaionczek veilla ; mais à cette heure, voyant qu'aucune nouvelle n'arrivait du quartier-général, il se rejeta sur sa couche de paille et se rendormit.

Au point du jour un aide-de-camp le réveilla en entrant précipitamment dans sa chambre.

Zaionczek se réveilla en sursaut, croyant que l'ennemi attaquait, et, selon son habitude, porta la main à son cou pour s'assurer que son talisman y était toujours.

Pendant la nuit un des cordons qui le maintenaient s'était rompu.

Zaionczek appela son valet de chambre et lui ordonna de le recoudre.

Pendant ce temps l'aide-de-camp lui racontait les causes de son entrée précipitée.

L'ennemi était en pleine retraite.

Tchaplitz avait été trompé par une fausse démonstration que l'Empereur avait fait faire vers Oukabolda. Tchaplitz s'éloignait comme pour nous livrer passage.

C'était à ne pas y croire.

Aussi Zaionczek, sans songer davantage à son talisman, s'élança-t-il hors de la maison et demanda-t-il son cheval pour aller reconnaître la rive du fleuve.

On lui amena son cheval, il sauta dessus et se dirigea vers l'endroit où se trouvait l'Empereur. Au bout de dix minutes il le rejoignit.

Ce qu'avait dit l'aide-de-camp était vrai.

Les bivouacs ennemis étaient abandonnés, les feux étaient éteints. On voyait la queue d'une longue colonne qui s'écoulait vers Borisof. Un seul régiment d'infanterie restait avec douze pièces de canon; mais, les uns après les autres, ces pièces attelées quittaient leur position et se mettaient en retraite.

Une dernière, voyant un groupe important, fit feu en se retirant.

Le boulet porta en plein dans le groupe, et Zaionczek et son cheval roulèrent aux pieds de l'Empereur.

On s'élança vers eux : le cheval était tué; Zaionczek avait le genou brisé.

C'était la première fois qu'il était blessé depuis quatorze ans !

L'Empereur fit appeler Larrey, ne voulant confier la vie de son vieux compagnon qu'à la main exercée de l'illustre chirurgien.

Là, comme à Rivoli, comme aux Pyramides, comme à Marengo, comme à Austerlitz, comme à Friedland, Larrey, toujours prêt, accourut.

Zaïonzeck et lui étaient de vieux amis.

Larrey examina la blessure et jugea l'amputation indispensable.

Larrey n'était pas l'homme des préparations ingénieuses, il allait droit au but; sur le champ de bataille le chirurgien n'a pas le temps de faire des phrases : des mourants l'attendent pour ne pas mourir.

Il tendit la main à Zaionczek.

— Courage, mon vieux compagnon, lui dit-il, et nous allons vous débarrasser de cette jambe qui, sans cela, pourrait bien se débarrasser de vous.

— Il n'y a pas moyen de me la conserver? demanda le blessé.

— Regardez vous-même, et jugez.

— Le fait est qu'elle est en mauvais état.

— Mais nous allons faire la chose en ami ; pour tout ce monde c'est trois minutes, pour vous c'en sera deux.

Et Larrey commença à retourner les parements de son uniforme.

— Un instant, un instant, dit Zaionczek en apercevant son valet de chambre qui accourait.

— Oh! mon maître! mon pauvre maître! s'écria le domestique en pleurant.

— Mon talisman! demanda Zaionczek.

— Ah! pourquoi l'avez-vous quitté!

— Je suis de ton avis... j'ai eu le plus grand tort; rends-le-moi.

— Allons, général, êtes-vous prêt? dit Larrey.

— Un instant, un instant, mon cher ami.

Et Zaionczek remit le talisman à son cou et

se le fit nouer solidement par son valet de chambre.

— Maintenant, dit-il, je suis prêt; faites.

On étendit un drap au-dessus du blessé, car il tombait une neige glacée et aiguë qui, en touchant sa peau, le faisait frissonner malgré lui; quatre soldats soutinrent cette tente improvisée.

Larrey tint parole, malgré le froid, malgré la difficulté de la position; l'opération dura à peine deux minutes.

Napoléon voulut que Zaionczek fût transporté sur un des premiers radeaux qui traversèrent le fleuve. Il arriva à l'autre bord sans accident.

Les Polonais se relayèrent pour le porter sur un brancard. L'opération avait été si admirablement faite, que le blessé échappa à tous les accidents à craindre en pareille circonstance. Pendant treize jours, quand tant de malheureux s'abandonnaient eux-mêmes, les soldats de Zaionczek bravèrent la faim, le froid, la mitraille plutôt que de l'abandonner.

le treizième jour enfin, ils entrèrent avec lui à Wilna.

Là, la déroute devint telle qu'il n'y avait plus moyen de suivre l'armée. Le blessé ordonna lui-même à ses fidèles compagnons de l'abandonner ; ils le déposèrent dans une maison où à leur arrivée les Russes le trouvèrent.

A peine Alexandre apprit-il la haute capture qu'on avait faite, qu'il ordonna qu'on eût les plus grands égards pour le prisonnier. Zaionczek resta à Wilna jusqu'à son entier rétablissement.

Le traité de Paris fut signé : Alexandre donna aussitôt l'ordre de réorganiser l'armée polonaise, dont il confia le commandement au grand-duc Constantin.

Zaionczek y fut appelé comme général d'infanterie.

Un an après, la partie de la Pologne échue à la Russie fut érigée en royaume. Alexandre, qui rêvait la liberté de son vaste empire, voulut faire un essai en donnant une constitution à la Pologne ; et, pour achever de se populariser près de ses nouveaux sujets, il nomma Zaionczek son lieutenant-général.

Onze ans après, le 28 juillet 1826, Zaionczek mourut vice-roi, quand Constantin, frère de l'empereur, n'était que général en chef de l'armée.

L'illustre vieillard avait, au milieu des honneurs et des dignités, atteint l'âge de soixante-quatorze ans.

Ainsi s'accomplit la dernière prédiction du petit Homme Rouge.

Le talisman préservateur, légué par Zaionczek à sa fille, est soigneusement conservé dans la famille, avec la tradition dont il perpétuera le souvenir.

CHAPITRE XL

13 ET 18 JUILLET.

Je venais d'achever d'écrire les lignes qu'on vient de lire, et je roulais en toute hâte vers la maison de campagne de S. A. le prince de Montfort, où je devais dîner en petit comité avec lui et les princes Jérôme et Napoléon ses deux fils, qui depuis quelques mois avaient quitté la cour de leur oncle Sa Majesté le roi de Vurtemberg, pour venir passer une année près de leur père.

J'avais eu l'honneur de leur être présenté aussitôt leur arrivée.

Je n'ose pas croire qu'une sympathie réciproque nous rapprochât, le prince Napoléon et moi; je me contenterai de dire que j'appréciai en lui des qualités extraordinaires dans un jeune homme qui n'a pas encore atteint sa vingtième année; ces qualités sont une intelligence profonde et juste, un esprit poétique et élevé, une éducation libérale et étendue, enfin une étude étrangement exacte de l'état actuel de l'Europe.

Puis, c'est un de ces hommes que la chute d'une haute position n'entraînera jamais avec elle. Fier du nom qu'il porte, il ne le fait précéder d'aucun titre; il s'appelle Napoléon Bonaparte tout court, et ne se pare d'aucune croix, d'aucun cordon, d'aucune plaque, parce qu'il ne peut pas se parer de la croix de la Légion d'honneur.

Bien souvent, sur la terrasse qui s'étend devant la maison du prince de Montfort, et au pied de laquelle Florence étale ses vieux monuments républicains, nous avions souri ensemble à ces grandes vicissitudes de la fortune, qui change le destin des villes en un siècle et celui des hommes en un jour. Bien souvent, nous avions parlé de l'état actuel de la France, sans que jamais un souvenir amer contre la patrie, sans que jamais un mot de reproche contre le peuple, ait assombri la figure calme et sereine de ce noble jeune homme.

Je m'étais donc, comme toujours, fait une fête de dîner en intimité avec son père, son frère et lui.

J'aperçus de loin les deux frères qui m'attendaient sur le perron; je sautai à bas de ma voiture et je courus à eux. J'avais le cœur calme et joyeux, tous deux me tendirent la main à la fois, mais avec une expression de tristesse et d'inquiétude qui me frappa.

— Qu'avez-vous donc, messeigneurs? leur demandai-je en riant.

— Nous avons, me répondit le prince Napoléon, que nous sommes désolés de vous trouver si gai.

— Vous savez, mon prince, que j'ai grand

plaisir à vous voir; par conséquent, ma gaieté, lorsque j'ai l'honneur de venir chez vous, n'a rien qui doive vous étonner.

— Non, mais cela prouve que vous ne connaissez pas une nouvelle terrible et que nous aurions voulu que vous apprissiez, mon frère et moi, par d'autres que par nous.

— Laquelle, mon Dieu! rien qui vous soit personnel, j'espère, monseigneur?

— Non, mais vous venez de perdre, vous, une des personnes que vous aimiez le plus au monde.

Deux idées se présentèrent simultanément à mon esprit : — mes enfants — le prince royal.

Ce ne pouvait être mes enfants; si un accident leur fût arrivé, j'en eusse été prévenu tout d'abord et avant personne.

— Le duc d'Orléans? demandai-je avec anxiété.

— Il s'est tué en tombant de voiture, me répondit le prince Jérôme.

Je dus devenir très-pâle ; je me sentis chanceler : je m'appuyai sur le prince Napoléon en portant mes deux mains à mes yeux.

Comme ils l'avaient pensé tous deux, le coup avait été profond et terrible.

Le prince Napoléon comprit tout ce que je souffrais.

— Mon Dieu, me dit-il, ne vous laissez pas abattre ainsi tout d'abord ; la nouvelle n'a encore rien d'officiel, et est peut-être fausse.

— Oh! monseigneur, répondis-je, quand un bruit pareil se répand sur un prince comme le duc d'Orléans, hélas! on peut se fier à la mort, le bruit est toujours vrai.

Je tendis de nouveau la main à ces deux neveux de l'Empereur qui venaient, les larmes aux yeux, de m'annoncer la mort du fils aîné de Louis-Philippe, et j'allai pleurer à mon aise dans un coin du jardin.

Mort!! quel terrible assemblage de lettres toujours, mais comme dans certains cas il devient plus terrible encore! Mort à trente et un ans! mort si jeune, si beau, si noble, si grand, si plein d'avenir! mort quand on s'appelle le duc d'Orléans, quand on est prince royal, quand on va être roi de France!

— Oh! mon prince, mon pauvre prince, dis-je tout haut, et j'ajoutai tout bas avec la voix de mon cœur... mon cher prince!

Beaucoup l'aimaient sans doute, et le deuil général, le cri de la douleur universelle ont prouvé cet amour, mais peu le connaissaient comme je l'avais connu, peu l'aimaient comme je l'avais aimé... Je puis en répondre hautement.

Pourquoi est-ce que j'écris cela, que je dis cela? je n'en sais rien. Le poète est comme la cloche, à chaque coup qui l'atteint il faut qu'il rende un son; chaque fois que la douleur le touche, il faut qu'il jette une plainte.

C'est sa prière à lui.

Le duc d'Orléans était mort: j'avoue que pour moi toutes choses venaient de se briser par un seul mot. Je ne voyais plus rien, je n'entendais plus rien ; seulement, les battements de mon cœur disaient en moi... Mort ! mort !! mort !!!

J'allai au prince Napoléon. — Mais quand, quel jour, de quelle façon ? lui demandai-je.

— Le 13 juillet, à quatre heures du soir, en tombant de voiture.

Je retournai à la place que je venais de quitter.

Le 13 juillet ! qu'avais-je fait ce jour-là ? Quel pressentiment avais-je éprouvé ? Quelle voix était venue murmurer à mon oreille l'annonce de ce grand malheur ? Je ne me souvenais de rien ; non, ce jour avait passé comme les autres jours, plus gaiement, que sais-je ? Ce jour-là, pendant qu'il expirait, mon Dieu ! je riais peut-être moi ; ce jour-là, à coup sûr, j'avais été à la promenade, au spectacle, dans quelque bal, comme les autres jours.

Oh ! c'est une des grandes tristesses de notre humanité que cette courte vue qui se borne à l'horizon, que cet esprit sans prescience, que ce cœur sans instinct! tout cela pleure, tout cela crie, tout cela se lamente quand on sait ce qui est arrivé; mais tout cela ne devine rien de ce qui arrive.

Pauvres aveugles et pauvres sourds que nous sommes!

Cependant, à force de chercher dans mes jours passés, voilà ce que j'y retrouvai; c'était assez étrange : nous étions partis le 27 juin, le prince Napoléon et moi, de Livourne, nous allions visiter l'île d'Elbe; nous n'étions que nous deux et un domestique, et, quoique nous eussions soixante milles à faire, nous n'avions pris qu'un petit bateau à quatre rameurs.

Ce bateau, par un singulier hasard, s'appelait le duc de Reichstadt.

Nous visitâmes l'île dans tous ses détails et au milieu d'une fête continuelle. Napoléon est un dieu pour les Elbois. Il a fait plus pour eux pendant les neuf mois qu'il a été leur souverain que Dieu n'a pensé à faire depuis le jour où il a tiré leur île du fond de la mer.

Aussi, le prince Napoléon, vivant portrait de son oncle, fut-il reçu avec adoration par la population tout entière. Le gouverneur mit à sa disposition ses voitures, ses chevaux, ses chasses. Chasseurs tous deux, nous acceptâmes avec grand plaisir la dernière partie de ses offres, et, dès le lendemain de notre arrivée, nous partîmes pour la Pianosa, petite île à laquelle son peu d'élévation au-dessus du niveau de la mer a fait donner ce nom caractéristique.

Je dirai plus tard, et quand j'en serai à raconter cette partie de mes voyages, quel charme puissant eut pour moi cette course aventureuse, accomplie en intimité avec ce neveu de l'Empereur, au milieu de ce pays plein de traditions vivantes, laissées à chaque pas par le terrible exilé.

Une flotte passa à l'horizon; nous comptâmes neuf voiles. A la corne d'un des bâtiments pendait un drapeau tricolore... c'était une flotte française.

Nous arrivâmes à la Pianosa, et nous nous

mîmes en chasse. A notre retour, nous trouvâmes deux pauvres pêcheurs qui nous attendaient. Ce que nous voulaient ces deux pauvres pêcheurs, on va le savoir par la lettre suivante :

« Majesté,

» Quand je me présenterai aux portes du ciel et qu'on me demandera sur quoi je m'appuie pour y entrer, je répondrai :

» Ne pouvant pas faire le bien moi-même, je l'ai indiqué quelquefois à la reine de France, et toujours le bien que je n'ai pu faire, pauvre et chétif que je suis, la reine de France l'a fait.

» Laissez-moi donc, madame, vous remercier d'abord en passant, pour cette pauvre Romaine dont vous avez pris la fille, et qui priera toute sa vie, non pas pour vous, car c'est à vous de prier pour les autres, mais pour ceux qui vous sont chers.

» Or, un de ceux-là passait le 28 juin dernier, longeant l'île d'Elbe, conduisant une flotte magnifique qui allait, où le souffle du Seigneur la poussait, d'occident en orient, je crois; celui-là, c'était le troisième de vos fils, madame; c'était le vainqueur de Saint-Jean-d'Ulloa, c'était le pèlerin de Sainte-Hélène, c'était le prince de Joinville.

» Moi, j'étais sur une petite barque, perdu dans l'immensité, regardant tour à tour la mer, ce miroir du ciel, et le ciel, ce miroir de Dieu; puis, comme j'appris qu'avec cette flotte un de vos enfants passait à l'horizon, je pensai à Votre Majesté, et je me dis qu'elle était véritablement bénie entre les femmes, la mère dont le premier fils s'appelle le duc d'Orléans, dont le second fils s'appelle le duc de Nemours, dont le troisième fils s'appelle le duc de Joinville, et dont le quatrième fils s'appelle le duc d'Aumale, beaux et nobles jeunes gens dont chacun peut ajouter à son nom un nom de victoire.

« Puis, ainsi rêvant, j'arrivai à une pauvre petite île dont le nom est inconnu sans doute à Votre Majesté, et qu'on appelle l'île de la Pianosa. Dieu a décidé que vous seriez bénie dans ce petit coin de terre, madame, et je vais vous dire comment.

» Il y avait là, dans cette petite île inconnue, deux pauvres pêcheurs qui se désespéraient : la flotte française, en passant, venait d'entraîner avec elle leurs filets, c'est-à-dire leur seule fortune, c'est-à-dire l'unique espoir de leur famille.

» Ils apprirent que j'étais Français; ils vinrent à moi; ils me racontèrent leur malheur; ils me dirent qu'ils étaient ruinés; ils me dirent qu'ils n'avaient plus d'autres ressources que de mendier pour vivre.

» Je leur demandai alors s'ils connaissaient une reine qui s'appelait Marie-Amélie.

» Ils me répondirent que c'était une de leurs compatriotes, et qu'ils en avaient entendu parler comme d'une sainte.

» Alors je leur fis faire la demande ci-jointe, à laquelle les gouverneurs de l'île d'Elbe et de la Pianosa ajoutèrent un certificat revêtu de tous les caractères de la légalité, et je leur dis d'espérer.

» En effet, madame, vous serez assez bonne, j'en suis sûr, pour remettre à M. l'amiral Duperré la demande de ces pauvres gens. Recommandée par vous, cette demande aura le résultat qu'elle doit avoir.

» Et moi, je serai fier et heureux, madame, d'avoir encore une fois été l'intermédiaire entre le malheur et Votre Majesté. »

Eh bien! le jour où mourait le duc d'Orléans, à l'heure où mourait le duc d'Orléans, j'écrivais cette lettre à sa mère!!!......

Aussitôt le dîner fini, je demandai au roi Jérôme la permission de me retirer : j'avais besoin de courir au-devant des détails; puis, la fatale nouvelle confirmée, de me renfermer seul avec moi-même. Mes souvenirs, c'était tout ce qui me restait du prince qui m'avait aimé; j'avais hâte de me retrouver avec eux.

Le prince Napoléon voulut m'accompagner. Nous ordonnâmes au cocher de nous conduire aux Cachines. Les Cachines sont, à six heures en été, le rendez-vous de tout Florence. Les attachés de l'ambassade française s'y trouveraient sans aucun doute. Nous apprendrions certainement là quelque chose d'officiel.

Effectivement, là tout nous fut confirmé. Comment cinq jours après l'événement, cet événement était-il connu quand il faut huit jours à la poste pour parcourir la distance qui existe entre Florence et Paris? Je vais vous le dire :

Le télégraphe avait porté la nouvelle jusqu'au Pont-de-Beauvoisin. Là, le commandant des carabiniers du roi Charles-Albert, ayant jugé le fait assez important pour le transmettre sans retard à son gouvernement, avait fait partir un de ses hommes en estafette, et, d'estafette en estafette, la nouvelle avait traversé les Alpes, était descendue à Turin et était enfin arrivée à Gênes. La *Gazette de Gênes* la rapportait telle que le télégraphe l'avait donnée, sans commentaires, sans explications, mais à sa colonne officielle; il n'y avait donc plus de doute à avoir, il n'y avait donc plus d'espoir à conserver.

La sensation était profonde. Tel est le pouvoir étrange de la popularité, que cet amour caché, plein de tendresse et d'espérance, que la France portait au prince royal, avec lequel elle l'accompagnait dans ses voyages pacifiques en Europe, dans ses campagnes guerrières en Afrique, avec lequel enfin elle l'accueillait à son retour, s'était épandu au dehors, avait gagné l'étranger, et ce jour-là peut-être se manifestait à la fois en Allemagne, en Italie, en Angleterre et en Espagne, par une sympathie universelle.

On eût dit que le pauvre prince qui venait de mourir était non-seulement l'espoir de la France, mais encore le Messie du monde.

Maintenant tout était fini. Les regards qui le suivaient avec l'anxiété de l'attente étaient tous fixés sur un cercueil.

Le monde avait quelquefois porté le deuil du passé ; cette fois il portait le deuil de l'avenir.

Je laissai les promeneurs s'épuiser en conjectures. Que me faisaient les détails : la catastrophe était vraie !

Je rentrai chez moi et je retrouvai sur mon bureau cette lettre à la reine qui ne devait partir que par le courrier de l'ambassade, c'est-à-dire le lendemain 19; cette lettre où je lui disais qu'elle était heureuse entre les mères.

Un instant j'hésitai à jeter un malheur étranger et secondaire au milieu d'un malheur de famille, profond, suprême, irréparable; mais je connaissais la reine : une bonne œuvre à lui proposer était une consolation à lui offrir; seulement, au lieu de lui adresser la lettre à elle, j'adressai la lettre à monseigneur le duc d'Aumale.

Ce que je lui écrivis, je n'en sais rien; ce sont de ces pages dont on ne garde pas de copie, de ces pages dans lesquelles le cœur déborde et que les yeux trempent de larmes.

C'est qu'après le prince royal, monseigneur le duc d'Aumale était celui des quatre princes que je connaissais le plus. Je lui avais été présenté aux courses de Chantilly par le prince royal lui-même.

Le prince royal avait une profonde tendresse et une haute estime pour le duc d'Aumale. C'était sous lui que le jeune colonel avait fait son apprentissage de guerre; et quand il avait, au col de Mouzaïa, reçu le baptême de feu, c'était le prince royal qui lui avait servi de parrain.

Un jour, dans une de ces longues causeries où nous parlions de toutes choses, et où, las d'être prince, il redevenait homme avec moi, le duc d'Orléans m'avait raconté une de ces anecdotes de cœur auxquelles la narration écrite ôte tout son charme; puis le prince racontait admirablement bien; il avait l'éloquence de la conversation, si cela se peut dire, au plus haut degré. Enfin, il savait s'interrompre pour écouter, chose si rare chez tous les hommes, qu'elle devient merveilleuse chez un prince.

Il y avait dans la voix du duc d'Orléans,

dans son sourire, dans son regard, un charme magnétique qui fascinait. Je n'ai jamais retrouvé chez personne, même chez la femme la plus séduisante, rien qui se rapprochât de ce regard, de ce sourire et de cette voix.

Dans quelque disposition d'esprit qu'on eût abordé le prince, il était impossible de le quitter sans être entièrement subjugué par lui. Était-ce son esprit, était-ce son cœur qui vous séduisait? C'étaient son cœur et son esprit, car son esprit presque toujours était dans son cœur.

Dieu sait que je n'ai pas dit un mot de tout cela pendant qu'il vivait. Seulement, j'avais une douleur, j'allais à lui; j'avais une joie, j'allais à lui, et joie et douleur il en prenait la moitié. Une partie de mon cœur est enfermée dans le cercueil sur lequel j'écris ces lignes.

Or, voilà ce qu'il me racontait un jour.

C'était sur les bords de la Chiffa, la veille du jour fixé pour le passage du col de Mouzaïa. Il y avait un engagement acharné entre nous et les Arabes. Le prince royal avait successivement envoyé plusieurs aides-de-camp porter des ordres ; un nouvel ordre devenait urgent par cela même que le combat devenait plus terrible ; il se retourna vers son état-major et demanda quel était celui dont le tour était venu de marcher?

— C'est à moi, répondit le duc d'Aumale en s'avançant.

Le prince jeta un coup d'œil sur le champ de bataille, il vit à quel danger il allait exposer son frère. A cette époque, qu'on se le rappelle, le duc d'Aumale avait dix-huit ans à peine ; homme par le cœur, c'était encore un enfant par l'âge.

— Tu te trompes, d'Aumale, ce n'est pas à toi, dit le duc d'Orléans.

Le duc d'Aumale sourit ; il avait compris l'intention de son frère.

— Où faut-il aller et que faut-il dire? répondit-il en rassemblant les rênes de son cheval.

Le duc d'Orléans poussa un soupir, mais il sentit qu'on ne marchandait pas avec l'honneur, et que celui des princes est plus précieux encore à ménager que celui des autres hommes.

Il tendit la main à son frère, la lui serra fortement et lui donna l'ordre qu'il attendait.

Le duc d'Aumale partit au galop, s'enfonça dans la fumée et disparut au milieu de la bataille.

Le duc d'Orléans l'avait suivi des yeux, tant que ses yeux avaient pu le suivre; puis il était resté le regard fixé sur l'endroit où il avait cessé de le voir.

Au bout d'un instant un cheval sans cavalier reparut. Le duc d'Orléans se sentit frémir des pieds à la tête; ce cheval était du même poil que celui du duc d'Aumale.

Une idée terrible lui traversa l'esprit; c'est que son frère avait été tué, et tué en portant un ordre donné par lui!

Il se cramponna à sa selle, tandis que deux grosses larmes jaillissaient de ses yeux et roulaient sur ses joues.

— Monseigneur, dit une voix à son oreille, *il a une chabraque rouge !*

Le duc d'Orléans respira à pleine poitrine. Le cheval du duc d'Aumale avait *une chabraque bleue.*

Il se retourna et jeta ses bras au cou de celui qui l'avait si bien compris. Le duc d'Orléans me le nomma alors. J'ai oublié son nom. C'est un de ses aides-de-camp, je le sais bien, ou Bertin de Vaux, ou Chabot-Latour, ou d'Elchingen.

Dix minutes après, le duc d'Aumale, sain et sauf, après s'être acquitté de son message avec le courage et le calme d'un vieux soldat, était de retour près de son frère.

Je vous l'ai dit, toute cette petite histoire est bien pâle, écrite par moi ; racontée par le prince lui-même, avec sa voix tremblante, avec ses yeux mal essuyés, c'était une chose adorable.

Oh! s'il m'avait été permis d'écrire cette vie, si courte et cependant si remplie! de raconter, presque un à un, comme depuis quatorze ans je les avais vus passer devant moi, ces jours tantôt sombres, tantôt sereins, tantôt éclatants! Si de cette existence privée j'avais eu le droit de faire une existence publique, on se serait agenouillé devant ce cœur si bon, si pur et si grand, comme devant un tabernacle.

Il y avait en lui trop de choses venant de Dieu. Ses vertus appauvrissaient le ciel. Dieu l'a repris avec ses vertus, et maintenant c'est la terre qui est veuve.

Depuis quatorze ans, comprenez-vous bien, je lui avais tour à tour demandé l'aumône pour les pauvres, la liberté pour les prisonniers, la vie pour les condamnés à mort, et pas une seule fois, pas une seule fois, pas une seule fois, je n'avais été refusé.

Aussi, il était tout pour moi, cet homme à

qui cependant je n'avais rien demandé pour moi! (1)

On venait à moi pour une chose juste, quelle qu'elle fût, réclamation ou prière ; vieux compagnon du champ de bataille, ou jeune camarade de collége :

— C'est bien, disais-je, la première fois que je verrai le prince, je lui en parlerai.

Et la chose était faite, si toutefois, je le répète, la chose était juste à faire.

C'est que le prince avait autant de justesse dans l'esprit que de justice dans le cœur; c'était un mélange de bon et de grand. Il sentait comme Henri IV; il voyait comme Louis XIV.

Aussi, en même temps qu'au duc d'Aumale j'écrivais à la reine, non pas, Dieu merci! pour tenter de la consoler! La Bible elle-même avoue qu'il n'y a pas de consolation

(1) Il y a des gens qui ont dit que M. le duc d'Orléans me faisait une *pension de douze cents francs!...* pour payer mes ports de lettres sans doute !... les imbéciles !

pour une mère qui perd son enfant. Rachel ne voulut pas être consolée parce que ses enfants n'étaient plus. *Et noluit consolari quia non sunt.*

Ma lettre avait quatre lignes, je crois. Voilà ce que je lui disais :

« Pleurez, pleurez, madame. Toute la France pleure avec vous.

» Pour moi, j'ai éprouvé deux grandes douleurs dans ma vie : l'une, le jour où j'ai perdu ma mère ; l'autre, le jour où vous avez perdu votre fils. »

Puis, à la princesse royale, à la duchesse d'Orléans, à cette double veuve d'un mari et d'un trône, je n'écrivis rien, je crois ; je me contentai d'envoyer cette prière pour son fils :

« O mon père ! qui êtes aux cieux, faites-moi tel que vous étiez sur la terre, et je ne demande pas autre chose à Dieu pour ma gloire, à moi, et pour le bonheur de la France. »

Un mot sur le royal enfant et sur cette auguste veuve.

Le 2 janvier dernier, j'étais allé faire ma visite de bonne année au prince royal. Après quelques instants de causerie :

— Connaissez-vous le comte de Paris ? me demanda-t-il.

— Oui, monseigneur, répondis-je ; j'ai eu l'honneur de voir Son Altesse déjà deux fois. Et je rappelai au prince dans quelles circonstances.

— N'importe, me dit-il, je vais l'aller chercher pour que vous lui fassiez vos compliments.

Il sortit et rentra un instant après, tenant l'enfant par la main ; puis, s'approchant de moi avec cette gravité qui était un des charmes de sa plaisanterie intime :

— Donnez la main à monsieur, lui dit-il ; c'est un ami de papa, et papa n'a pas trop d'amis.

— Vous vous trompez, monseigneur, lui

répondis-je. Tout au contraire des autres princes royaux, Votre Altesse a des amis et point de parti.

Le duc d'Orléans sourit, et, sur un signe de son père, le comte de Paris me tendit sa petite main, que je baisai.

— Que souhaitez-vous à mon fils? me dit alors le prince.

— D'être roi le plus tard possible, monseigneur.

— Vous avez raison. C'est un vilain métier!

— Ce n'est point pour cela, monseigneur, repris-je; mais c'est qu'il ne peut être roi qu'à la mort de Votre Altesse.

— Oh! je puis mourir maintenant, dit-il avec cette expression de mélancolie qui revenait si souvent sur son visage et dans sa voix. Avec la mère qu'il a, il sera élevé comme si j'y étais. Puis, étendant la main vers la chambre de la duchesse, comme s'il eût pu deviner à travers la muraille la place où elle était :

— C'est un quine que j'ai gagné à la loterie, me dit-il.

Le fait est qu'il était impossible, je crois, d'avoir à la fois plus de respect, plus de tendresse, plus de vénération et plus de confiance que le duc d'Orléans n'en avait pour la duchesse. C'est qu'il avait retrouvé en elle une partie des hautes qualités qu'il avait lui-même. Quand il parlait d'elle, et il en parlait souvent, son bonheur intime débordait de son cœur comme l'eau déborde d'un vase trop plein.

Revenons à Florence.

Je portai le soir même les trois lettres mortuaires à l'ambassade; je trouvai M. Belloc tout en larmes; il ne savait encore rien d'officiel; mais comme la *Gazette de Gênes* est ordinairement le journal le mieux informé de l'Italie, il croyait à la réalité de la nouvelle.

Je rentrai donc chez moi, ayant fait un pas de plus dans cette affreuse certitude.

J'avais écrit à la reine que je n'avais éprouvé que deux grandes douleurs dans ma vie : c'était vrai. J'ajouterai que cette douleur que j'avais éprouvée en perdant ma mère, le prince royal l'avait tendrement partagée. Voilà comment les noms de ces deux aimés de mon cœur, que je vois maintenant ensemble en regardant le ciel, se trouvent réunis l'un à l'autre dans mon souvenir.

Le 1er août 1838, on m'annonça que ma mère venait d'être frappée pour la deuxième fois d'une apoplexie foudroyante. La première avait précédé de trois jours seulement la représentation de *Henri III*.

Je courus au faubourg du Roule, où demeurait ma mère. Elle était sans connaissance.

Cependant, à mes cris, à mes larmes, à mes sanglots, et surtout grâce à cet instinct du cœur qui ne meurt chez la mère qu'après la mort, Dieu permit qu'elle ouvrît les yeux, qu'elle me regardât et qu'elle me reconnût.

C'était tout ce que j'osais demander d'abord; mais, cette grâce accordée, je demandai un miracle : je demandai sa vie.

Si jamais prières ardentes et larmes désespérées coulèrent de la bouche et des yeux d'un fils sur le front d'un mourant, je puis dire que ce sont les prières et les larmes qui coulèrent de ma bouche et de mes yeux sur le front de ma mère.

Cette fois je demandais trop sans doute : Dieu détourna la tête; le mal fit de minute en minute de visibles et terribles progrès.

J'avais besoin de répandre mon cœur. Je pris une plume et j'écrivis au prince royal. Pourquoi à lui plutôt qu'à un autre? C'est que je l'aimais mieux que tout autre.

Ie lui écrivis que près du lit de ma mère mourante je priais Dieu de lui conserver son père et sa mère.

Puis je revins suivre sur ce front bien-aimé la marche de l'agonie.

Une heure après une voiture dont je n'entendis pas le roulement s'arrêta à la porte de la rue.

J'entendis une voix qui disait : — De la part du prince royal.

Je me retournai, je passai dans la chambre voisine, et je vis le valet de chambre qui avait l'habitude de m'introduire chez le prince.

— Son Altesse, me dit-il, fait demander des nouvelles de madame Dumas.

— Oh! mal, très-mal, sans espoir ; dites-le-lui et remerciez-le.

Au lieu de partir sur cette réponse, le valet de chambre resta un instant immobile et hésitant.

— Eh bien! mon ami, lui demandai-je, qu'y a-t-il?

— Il y a, monsieur, que je ne sais si je dois vous le dire, mais vous seriez peut-être fâché que je ne vous le disse pas. Il y a que le prince est ici.

— Où cela?

— A la porte de la rue, dans sa voiture.

Je courus. La portière était ouverte. Il me

tendit les deux mains. Je posai ma tête sur ses genoux et je pleurai.

Il avait cru que ma mère demeurait avec moi rue de Rivoli. Il avait monté mes quatre étages, et, ne m'ayant point trouvé, il m'avait suivi au fond du faubourg du Roule.

Il me disait cela pour excuser son retard, pauvre prince au noble cœur !

Je ne sais pas combien de temps je restai là. Tout ce que je sais, c'est que la nuit était belle et sereine, et que, par le carreau de l'autre portière, je voyais à travers mes larmes briller les étoiles du ciel.

Six mois après c'était lui qui pleurait à son tour, c'était moi qui lui rendais la visite funèbre qu'il m'avait faite. La princesse Marie, morte en dessinant un tombeau, était allée l'annoncer au ciel.

Et aujourd'hui, à son tour, c'est lui que nous pleurons.

Oh ! quand la mort choisit, elle choisit bien.

Cette première grande douleur de ma vie, je viens de la raconter.

Au reste, je dois le dire, pauvre prince! Personne moins que lui ne comptait sur l'avenir; on eût dit qu'il avait eu tout enfant quelque révélation de sa mort prochaine. Il doutait toujours de cette haute fortune où chacun lui répétait qu'il était appelé.

J'arrivai à Paris quelques jours après l'attentat Quenisset. Je courus au pavillon Marsan. C'était d'ordinaire ma première visite quand j'arrivais, ma dernière visite quand je partais.

— Ah! vous voilà, voyageur éternel, me dit-il.

— Oui, monseigneur; j'arrive tout exprès pour vous faire mon compliment de condoléance sur la nouvelle tentative d'assassinat faite sur notre jeune colonel.

— Ah! c'est vrai. Eh bien! vous le voyez, reprit-il en riant, voilà le pour-boire des princes en l'an de grâce 1841.

—Mais du moins, répondis-je, Votre Altesse doit-elle être rassurée en voyant le soin que met la Providence à ce que vous ne touchiez pas ces pour-boire.

— Oui, oui, murmura le prince en prenant machinalement un bouton de mon habit ; oui, la Providence veille sur nous, c'est incontestable ; mais, ajouta-t-il en poussant un soupir, c'est toujours bien triste, croyez-moi, de ne vivre que par miracle !

La Providence s'était lassée.

Le lendemain au matin, je reçus une lettre de notre ambassadeur.

Cette lettre contenait la dépêche télégraphique que M. Belloc venait de recevoir.

« Le prince royal a fait ce matin à onze heures une chute de voiture ; il est mort ce soir à quatre heures et demie.

» 13 juillet 1842. »

Je n'avais plus qu'une chose à faire, c'était de partir de Florence pour assister à ses funérailles.

CHAPITRE XII.

3 et 4 août.

J'interrogeai tous les journaux qu'on reçoit à Florence pour savoir à quelle époque étaient fixées les funérailles du prince royal.

Je restai jusqu'au 26 juillet sans rien apprendre de positif. Le 26, je lus dans le *Journal des Débats* que le 3 août aurait lieu la cérémonie de Notre-Dame, et le 4 l'inhumation dans les caveaux de Dreux.

Je pris mon passe-port, et le 27 à deux heures je montai dans un bateau à vapeur qui partait pour Gênes.

Le lendemain à neuf heures du matin, je

prenais terre et courais à la poste. La malle partait, il n'y avait pas de place, elle emporta seulement une lettre de moi au directeur de la poste de Lyon.

Je louai une voiture et je partis.

Je voyageai jour et nuit, sans perdre une heure, sans gaspiller une seconde. J'étais à Lyon le 1er août, à trois heures de l'après-midi.

Je courus à la poste. Ma lettre était arrivée à temps. Une place avait été retenue. Si cette place m'avait manqué, j'avais fait trois cents lieues inutilement, j'arrivais trop tard.

Seulement alors je respirai.

Le surlendemain j'entrais dans Paris à trois heures du matin.

Restait la crainte de ne pas pouvoir me procurer de billet pour la cérémonie. A sept heures je courus chez Asseline.

Peut-être ne connaissez-vous pas Asseline, mais les pauvres le connaissent et pardent tous les jours de lui à Dieu dans leurs prières.

C'est un de ces hommes comme la Providence en met de temps en temps près des bons princes, pour les rendre meilleurs encore.

Il était déjà sorti. Pauvre désolé qu'il était aussi! il y avait quinze jours qu'il ne dormait plus et qu'il mangeait à peine.

La première chose que je vis, ce fut la gravure de Calamatta : cette belle gravure de ce beau tableau de M. Ingres.

J'avais vu le tableau dans l'atelier de notre grand peintre la veille de mon départ. Je retrouvai la gravure dans le cabinet d'Asseline le jour de mon arrivée. Dans l'intervalle, l'âme qui animait ces yeux si doux, si bons, si intelligents, s'était éteinte.

Il y a en Italie un proverbe qui dit, ou plutôt un préjugé qui croit que, lorsqu'on fait faire son portrait en pied, on meurt dans l'année.

J'avais demandé, six semaines auparavant, en voyant le portrait de M. Ingres, pourquoi le cadre coupait la peinture au-dessous des genoux.

On m'avait répondu, je ne sais si la chose est vraie, que la reine avait supplié son fils de ne point faire faire son portrait en pied, et que le prince, en souriant aux craintes maternelles, avait accordé cette demande à la reine.

Cette gravure était posée sur un canapé. Je m'agenouillai devant le canapé.

Asseline rentra. Nous nous jetâmes dans les bras l'un de l'autre. Il m'avait gardé un billet; je ne lui avais pas écrit, mais il avait compris que je devais venir.

Puis il s'était douté que je ne voudrais quitter le corps du prince qu'à la porte du caveau royal, et il avait demandé pour moi la permission de le suivre à Dreux.

Alors recommencèrent les douloureuses questions et les tristes réponses. Le malheur était si inattendu que je n'y pouvais croire, et qu'il me semblait que je faisais un rêve dont le bruit de ma parole allait me réveiller.

A neuf heures je partis pour Notre-Dame. Les rues de Paris avaient un aspect de tristesse que je ne leur avais jamais vu. Puis, pour moi, chaque signe de douleur était nouveau et parlait tout haut à ma douleur. Ces drapeaux avec des crêpes, ces bannières avec leurs chiffres; Notre-Dame tout entière avec sa tenture, Notre-Dame pareille à un grand cercueil, renfermant l'espoir public qui venait de mourir; Notre-Dame transformée en chapelle ardente avec ses trente mille cierges qui en faisaient une fournaise; toutes ces choses que les Parisiens voyaient depuis longtemps, tout ce spectacle funèbre auquel ils étaient habitués depuis une semaine, je le voyais, moi, pour la première fois, et il me parlait à moi plus haut qu'à personne.

De la tribune où j'étais, je voyais parfaitement le cercueil; j'aurais donné, je ne dirai pas de l'argent, mais des jours, mais des années de ma propre vie pour aller m'agenouiller devant ce catafalque, pour baiser ce cercueil, pour couper un morceau de velours qui le couvrait.

Une salve de coups de canon annonça l'arrivée des princes. Les canons comme les cloches sont les interprètes des grandes joies et des grandes douleurs humaines; leur voix de bronze est la langue que se parlent, dans les circonstances qui les réunissent, la terre et le ciel, l'homme et Dieu.

Les princes entrèrent. Cette fois la sensation fut profonde et agit sur tout le monde. Le prince royal, c'était leur âme; leur lumière à eux émanait de lui. Aussi étaient-ils brisés de douleur; ils n'avaient pas songé qu'ils pouvaient deux fois perdre leur père.

La cérémonie fut longue, triste et solennelle. Quarante mille personnes entassées dans Notre-Dame faisaient un tel silence, qu'on entendait jusqu'à la moindre note du chant sacré, jusqu'au plus faible des frémissements de l'orgue, au milieu desquels venait de temps en temps mugir un coup de canon. J'ai peu vu de spectacle qui puisse donner aussi puissamment l'idée du deuil d'une grande nation.

Puis vint l'absoute, c'est-à-dire la cérémonie touchante entre les cérémonies mortuaires. Les princes montèrent successivement, selon leur âge, jusqu'au cercueil fraternel, secouant l'eau bénite, et priant pour l'âme qui les avait tant aimés. Il y avait quelque chose de poignant dans ces ascensions successives et dans l'insistance de ces quatre jeunes gens, suppliant Dieu de recevoir dans son sein celui qu'ils avaient si souvent serré vivant dans leurs bras.

Je restai un des derniers, j'espérais pouvoir me rapprocher du cercueil : c'était impossible.

Tous ceux qui liront ces lignes ont probablement perdu une personne qui leur était chère; mais si cette personne est morte lentement entre leurs bras, s'ils ont pu suivre sur son front les progrès de l'agonie, s'ils ont pu recueillir dans un dernier souffle l'âme qui, portée par ce souffle suprême, montait au ciel, il y a eu, certes, pour eux, douleur moins poignante que si, ayant quitté cette personne aimée, pleine de santé, de force et d'avenir, ils la retrouvent, au retour d'un long voyage, enfermée dans un cercueil que non-seulement ils ne peuvent ouvrir, mais dont ils ne peuvent pas même s'approcher. Comme j'enviais le désespoir de ceux-là qui, dans cette pauvre maison de l'allée de la Révolte, l'avaient vu lentement expirer sur ces deux matelas posés par terre; qui avaient vu se fermer ses yeux, qui avaient suivi son agonie! Ceux-là avaient pu ramasser une boucle de ses cheveux, couper un morceau de son habit, déchirer un lambeau de sa chemise! (1)

(1) Le lendemain de la publication de cet article je reçus la lettre suivante :

« Monsieur,

» Dans les lettres que vous avez publiées dans le *Siècle*, vous manifestez le regret de ne posséder aucune relique qui matérialise à vos yeux et à votre pensée les derniers moments de votre noble et malheureux ami Mgr. le duc d'Orléans.

» Plus heureux que vous, je possède la serviette sur laquelle il a reposé sa tête mourante, et qui est encore tout imprégnée de son sang. J'ai refusé constamment d'en donner tout ou partie, afin de ne pas céder aux sollicitations d'une sim-

Il fallut sortir.

Nous devions aller à Dreux en poste. Nous étions quatre dans la même voiture, trois amis de collége du prince et moi; c'était Guilhem le député; c'était Ferdinand Leroi, secrétaire général de la préfecture de Bordeaux; c'était Bocher, bibliothécaire du duc d'Orléans. Tous trois avaient vécu dans l'intimité du prince royal, car le prince royal était fidèle surtout à ses souvenirs de classes. Il y avait deux mois à peine que j'avais, avec l'aide d'Asseline, placé chez lui un de ses anciens condisciples, qui n'avait pour toute pro-

ple curiosité; mais à vous, monsieur, je viens l'offrir tout entière. Trop heureux si je puis ainsi rendre moins pénibles votre douleur et vos regrets.

» Dans le cas probable où vous auriez obtenu quelque chose de la dépouille du prince, veuillez regarder ma lettre comme non avenue.

» Je n'ai pas besoin, j'espère, par une explication quelconque, de vous tenir en garde contre la pensée d'une mystification qui ne serait rien moins, à mes yeux, qu'un crime ou un sacrilége.

» Veuillez agréer, etc.,

» CHARDON, docteur, 32, rue Richer.

» Paris, 16 novembre. »

tection près du prince que ses souvenirs et un petit chiffon de papier déchiré à son cahier d'écolier de troisième.

Le hasard nous avait réunis; nous étions les seuls qui, en dehors de la maison du roi ou de la maison du prince, eussions eu l'idée de suivre le corps jusqu'à Dreux; nous étions les étrangers de la cérémonie.

Aussi nous fallut-il partir de bonne heure, de peur de ne pas trouver de chevaux, car nous n'avions pas d'ordre pour en prendre.

Cette douleur dont j'ai parlé avait débordé bien au delà de la capitale. Partout, sur notre passage, nous retrouvions le même aspect, triste et morne. Les grandes villes étaient tendues de noir, les villages avaient des crêpes à leurs drapeaux; dans quelques endroits s'élevaient des arcs mortuaires, des reposoirs funèbres devant lesquels devait s'arrêter le cercueil du prince.

Les nations ont donc leur deuil comme les individus, triste à la fois comme celui d'une mère qui a perdu son fils, et de toute une famille qui a perdu son père.

Comparez à cela les trois derniers deuils royaux, que nos pères et nous avons vus ; comparez à cela les chants joyeux et les danses insultantes qui accompagnèrent le cercueil de Louis XIV, les malédictions qui accompagnèrent le cercueil de Louis XV, et l'indifférence qui accompagna celui de Louis XVIII.

Ceci est cependant un grand démenti à ceux qui nous appellent la nation régicide. Qu'était-ce donc que le duc d'Orléans, si ce n'était notre roi à venir? Pauvre prince! quel miracle il avait fait! il nous avait réconciliés avec la royauté.

Nous arrivâmes à Dreux pendant la nuit. A grand'peine trouvâmes-nous une petite chambre où nous fûmes obligés de nous installer tous les quatre. Il y avait neuf nuits que je ne m'étais couché; je me jetai sur un matelas et je dormis quelques heures.

Nous fûmes réveillés par le tambour : les

gardes nationaux arrivaient par milliers, non-seulement des villages et des villes environnants, mais encore des points les plus éloignés. Nous vîmes arriver la garde nationale de Vendôme. Les braves gens qui la composaient avaient fait quarante-cinq lieues à pied, et s'éloignaient dix jours de leurs affaires pour venir assister à cette dernière revue que devait passer le prince royal.

Et cependant il n'y avait ni croix, ni coups de fusil à venir chercher; ces deux mobiles avec lesquels on fait faire aux Français tant de choses.

Il y avait un cercueil à accompagner jusqu'au caveau mortuaire, voilà tout, — Il est vrai que ce cercueil renfermait l'espoir de la France.

A mesure que les gardes nationaux arrivaient, on les plaçait en haie sur la route. A chaque instant cette haie s'allongeait et s'épaississait; elle couvrit bientôt plus d'une demi-lieue de terrain.

Dès le matin nous nous étions assurés que

nous pourrions entrer dans la chapelle. Comme la chapelle de Dreux est une simple chapelle de famille, il y tient à peine cinquante ou soixante personnes. J'avais été à cette occasion trouver le sous-préfet, et le hasard avait fait que ce sous-préfet était Maréchal, un de mes anciens amis. Lui aussi, il avait connu personnellement le prince; je n'eus donc point affaire à une douleur officielle, mais à une grande et réelle affliction. Il nous dit de ne pas le quitter, et qu'ainsi il répondait de nous faire entrer.

En ce moment on annonça que le cercueil était en vue de la ville. De ce moment le télégraphe avait commencé à marcher. Il correspondait avec celui du ministre de l'intérieur, qui, à l'aide d'hommes à cheval, correspondait lui-même avec les Tuileries. En moins d'un quart d'heure la reine savait chaque détail de la cérémonie funèbre; elle pouvait donc suivre du cœur ce cercueil bien-aimé qu'elle n'avait pu suivre des yeux; elle pouvait donc assister en quelque sorte à la messe mortuaire; elle pouvait, agenouillée dans son oratoire, mêler sa prière et ses larmes aux larmes et aux prières qui coulaient et murmuraient à vingt lieues de là. Aussi y avait-il quelque chose de triste et de poétique dans le mouvement lent et mystérieux de cette machine qui, à travers les airs, portait à une mère en pleurs les dernières nouvelles de son fils trépassé, et qui ne s'arrêtait que pour recevoir sa réponse.

Nous nous acheminâmes au-devant du corps. Tout le trajet que le char funèbre devait parcourir, depuis la poste jusqu'à la chapelle, était tendu de noir, et à chaque maison pendait un drapeau tricolore pavoisé de deuil.

Arrivés au bout de la rue, nous aperçûmes le char arrêté : on descendait le cœur, qui devait être porté à bras, tandis que le corps devait suivre, traîné par six chevaux caparaçonnés de noir. Je me retournai vers le télégraphe : le télégraphe annonçait à la reine la douloureuse opération qui s'accomplissait en ce moment.

Oh! suprême bienfait des larmes! don céleste fait par la miséricorde infinie du Seigneur à l'homme, le même jour où, dans sa sagesse mystérieuse, il lui envoyait la douleur!

Nous attendîmes; le cercueil s'approchait lentement, précédé par l'urne de bronze dans laquelle était renfermé le cœur. Urne et cercueil passèrent devant nous; puis les aides-de-camp du prince, portant le grand cordon, l'épée et la couronne; puis les quatre princes, tête nue, en grand uniforme et en manteau de deuil; puis la maison militaire et civile du roi, au milieu de laquelle on nous fit signe de prendre notre place.

J'aperçus Pasquier : il était changé comme s'il eût manqué de mourir lui-même.

Pauvre Pasquier! c'était à lui qu'était échue la plus rude épreuve. Après avoir vu mourir le prince dans ses bras, c'est lui qui avait fait l'autopsie; il avait coupé par morceaux ce corps auquel, pour épargner une souffrance, il eût, de son vivant, donné sa propre vie.

Comprenez-vous une douleur plus grande

que celle du médecin qui, près d'un agonisant bien-aimé, lisant seul dans l'avenir de Dieu et reconnaissant qu'il n'y a plus d'espérance, est forcé d'arrêter les larmes dans ses yeux, de pousser le sourire sur ses lèvres pour rassurer un père, une mère, une famille au désespoir; qui ment par religion, et qui, sentant l'impuissance de son art, se condamne lui-même, pour accomplir le devoir qui lui est imposé par la science, à torturer, pieux bourreau, ce pauvre mourant dont, sans lui peut-être, l'agonie au moins serait douce; puis, après la mort, qui est condamné à aller, le scalpel à la main, chercher jusqu'au fond du cœur, dont trente ans il a écouté avec inquiétude les pulsations, les causes de cette mort et les traces qu'elle y a laissées en passant!

Voilà ce qu'il avait souffert. Aussi, en regardant en arrière, il ne comprenait pas le courage qu'il avait eu; il frissonnait à la seule pensée de ce qu'il avait fait.

Une fois, il y a trois ans, on avait craint pour le prince. Quelques symptômes de phthisie pulmonaire avaient effrayé l'amitié de ceux qui l'entouraient. Personne n'avait osé prévenir le malade, dont les journées pleines de fatigue et dont les nuits pleines de veilles pouvaient empirer l'état.

Alors je m'étais chargé d'écrire au prince, et je lui avais écrit.

Pourquoi m'est-il impossible de publier la lettre qu'il me répondit à cette occasion!..

L'autopsie avait prouvé que ces craintes étaient non-seulement exagérées, mais encore dénuées de tout fondement. Il est vrai que Pasquier avait toujours répondu sur sa tête qu'il n'y avait rien à craindre de ce côté.

Près de lui était Boismilon, sous l'œil duquel le prince royal avait grandi. Le maître, tout brisé de douleur, suivait le deuil de son élève.

— Il y a aujourd'hui douze ans, me dit-il, que le prince rentrait à Paris à la tête de son régiment, vous le rappelez-vous?

Oui, certes, je me le rappelais ! Il m'avait serré la main en passant, tout resplendissant d'enthousiasme et de joie dans son uniforme de colonel de hussards.

Quatre ans après, en lui rappelant qu'il avait porté cet élégant uniforme, je sauvais, par son intermédiaire, la vie à un soldat de ce régiment condamné à mort.

Hélas ! le pauvre soldat ressuscité ne peut plus même prier aujourd'hui pour celui qui l'a tiré du tombeau ! La mort n'a pas voulu tout perdre ; elle a étendu la main si près de lui qu'il en est devenu fou.

Le prince payait sa pension dans une maison de santé.

Ce soldat rebelle s'appelait Bruyant, vous le rappelez-vous ? Il avait tenté une révolte à Vendôme.

Oh ! sa grandeur et sa richesse étaient, comme le dit Bossuet, une de ces fontaines que Dieu élève pour les répandre.

Le corps entra dans l'église de Chartres pour y faire une halte d'un instant. Le télégraphe annonça à la reine cette station mortuaire. La touchante cérémonie de l'absoute recommença, puis l'on se remit en marche. En sortant de l'église, il y eut un moment d'embarras, et je me trouvai pris entre l'urne de bronze qui contenait le cœur, et le cercueil de plomb qui renfermait le cadavre.

Tous deux me touchèrent en passant. On eût dit que cœur et cadavre voulaient me dire un dernier adieu. Je crus que j'allais m'évanouir.

L'urne reprit la tête du cortége; le cercueil fut replacé sur la voiture, et l'on continua de s'avancer par une route circulaire qui rampe aux flancs de la montagne, au sommet de laquelle s'élève la chapelle mortuaire.

Arrivés à la plate-forme, nous nous trouvâmes en face de l'église. Sous le portique étaient l'évêque de Chartres et son clergé.

Au bas des degrés, seul et attendant, se tenait, debout, un homme vêtu de noir, pleurant à sanglots, et mordant un mouchoir entre ses dents.

Cet homme, c'était le roi !

C'était une chose profondément triste, triste en dehors de toutes les opinions et de tous les partis, que le roi attendant le cadavre du prince royal, que ce père attendant le corps de son fils, que ce vieillard attendant les restes de son enfant.

Il était arrivé depuis la veille; depuis la veille il avait plusieurs fois essayé de travailler pour faire diversion à sa douleur, et le matin même encore, le maréchal Soult était entré dans son cabinet avec les rapports du jour. Il avait lu deux ou trois dépêches, donné deux ou trois signatures; puis il avait jeté loin de lui plumes et papiers, et il était sorti pour voir venir le corps de son fils. Depuis plus d'une demi-heure il attendait debout et pleurant sur le dernier degré de la chapelle.

L'urne passa devant lui, puis le corps, puis les insignes royaux et guerriers. Les princes s'arrêtèrent ; un intervalle se fit entre eux et l'aide-de-camp portant la couronne ; le roi entra dans cet intervalle. On descendit alors le cercueil, et le télégraphe annonça à la reine que le roi montait les degrés de la chapelle, menant le corps de leur premier-né.

Pauvre reine ! En arrivant de Palerme je lui avais rapporté un dessin représentant la chapelle où ce fils avait été baptisé.

Et le jour de ce baptême, celui qui le tenait entre ses bras comme représentant de la ville de Palerme, sa noble marraine, avait dit en le rendant à son père :

— Peut-être venons-nous de baptiser un futur roi de France.

Un mois auparavant, qui aurait pu penser que cette étrange prédiction ne s'accomplirait pas ?

Le futur roi des Français entrait dans la chapelle mortuaire.

La cérémonie s'accomplit, plus douloureuse qu'aucune autre. Celle-là c'était la dernière, c'était la station suprême que faisait le cercueil entre le bruit et le silence, entre la vie et la mort, entre la terre et l'éternité !

Puis vint l'absoute, puis le *De Profundis*.

Puis on enleva le cercueil, et l'on commença dans le même ordre à s'acheminer vers le caveau.

Seulement, pendant l'espace qui séparait le chœur de l'escalier caché derrière l'autel, le roi s'appuya sur ses deux fils aînés, le duc de Nemours et le prince de Joinville ; mais, arrivés à l'escalier, les trois affligés ne purent descendre de front, et le roi fut obligé de s'appuyer sur sa propre force.

Il y avait déjà deux cercueils dans le caveau : celui de la duchesse de Penthièvre et celui de la princesse Marie. Ils étaient posés à droite et à gauche de l'escalier. La place du milieu était réservée pour le roi. C'était, contre toute attente, son fils qui venait la prendre.

Pendant qu'on déposait le cercueil du prince royal sur ses supports préparés, le roi appuya son front et ses deux mains sur le cercueil de la princesse Marie.

Puis les prêtres murmurèrent un dernier chant, jetèrent une dernière fois l'eau bénite. Après les prêtres vint le roi, après le roi vinrent les princes, après les princes les quelques privilégiés de la douleur qui avaient obtenu d'accompagner le cercueil jusqu'au lieu de sa dernière station.

On remonta dans le même ordre; puis la porte se referma.

Le prince était désormais seul avec le silence et l'obscurité, ces deux fidèles compagnons de la mort.

Il y avait juste quatre ans, jour pour jour, heure pour heure, que j'avais mené le deuil de ma mère.

FIN.

TABLE DES CHAPITRES.

Chap. Ier. Saint-Laurent 1
II. La galerie des Offices à Florence. 15
III. La lusure de sang 43
IV. Hippolyte et Dianora. 65
V. Saint-Zanobbi. 349
VI. Saint Jean Gualberti 125
VII. Careggi 155
VIII. Poggio à Cajano 177
IX. Quarto 201
X. Le petit Homme Rouge 239
XI. 13 et 18 juillet 281
XII. 3 et 4 août 315

Extrait du Catalogue de DOLIN, Libraire.

LIVRES DE FONDS.

ŒUVRES DE P.-L. JACOB (*Bibliophile*).

	fr. c.	fr. c.
LA DANSE MACABRE, 1 vol. in-8............	7 50	3 »
LES FRANCS TAUPINS, 3 vol. in-8............	21 »	9 »
LE ROI DES RIBAUDS, 2 vol. in-8, portrait (épuisé).	15 »	10 »
LES DEUX FOUS, 2 vol. in-8................	15 »	6 »
PIGNEROL, 2 vol. in-8....................	15 »	6 »
LA FOLLE D'ORLÉANS, 2 vol. in-8...........	15 »	6 »
VERTU ET TEMPÉRAMENT, 2 vol. in-8.......	15 »	6 »
SOIRÉES DE WALTER SCOTT, 2 vol. in-8 (épuisé).	15 »	10 »
LE BON VIEUX TEMPS, 2 vol. in-8...........	15 »	6 »
QUAND J'ÉTAIS JEUNE, 2 vol. in-8..........	15 »	6 »
MON GRAND FAUTEUIL, 2 vol. in-8 (épuisé)...	15 »	10 »
LA FEMME SUPÉRIEURE (formant les tom. 13 et 14 des Études de Mœurs), par H. de Balzac, 2 vol. in-8.................................	15 »	10 »
LES REVENANTS, par J. Sandeau (auteur de MARIANNA), 2 vol. in-8.....................	15 »	10 »
LES CATACOMBES, par J. Janin, 6 vol. in-12....	18 »	6 »
LE SIÈGE DE VIENNE, roman historique, par madame la baronne de Montolieu, 3 vol. in-12 (épuisé).	10 »	7 »
LA ROSE DE JÉRICHO, par madame la baronne de Montolieu, 1 vol. in-12.....................	3 »	2 »
LE VICOMTE DE PLESSIS-LÈS-TOURS, par Chasserot, 2 vol............................	15 »	4 »
LE DERNIER JOUR, poëme en dix chants, par Jean Reboul, de Nîmes; accompagné de notes et suivi d'une Lamentation à la ville de Nîmes, 1 vol. in-8.	7 50	3 »
HISTOIRE D'HÉLOISE ET D'ABAILARD, par M. Guizot; 2 vol. grand in-8, avec 40 gravures (édit. Houdaille)...............................	20 »	8 »
LE TAPAGEUR, roman de mœurs, par Aug. Ricard, 2 vol. in-8..............................	15 »	10 »
DON JUAN DE SERVANDONA, par de Fonbonne, 2 vol....................................	15 »	7 »
ÉRARD DU CHATELET, par le comte de Pastoret, auteur de GUISE A NAPLES, 2 vol. in-8.....	15 »	10 »
ROBERT DE CUNINGHAM, 2 vol. in-8.........	15 »	9 »

Imprimé par Béthune et Plon.

www.ingramcontent.com/pod-product-compliance
Lightning Source LLC
Chambersburg PA
CBHW060503170426
43199CB00011B/1313